Im Treibhaus

Gärten und Klimawandel

TOPIARIA HELVETICA 2024

TOPIARIA HELVETICA wird herausgegeben von der SGGK (Schweizerische Gesellschaft für Gartenkultur) und erscheint jährlich. Das Abonnement ist für Mitglieder der SGGK im Jahresbeitrag inbegriffen.
www.sggk.ch

REDAKTION
Annemarie Bucher, Dr. sc. ETH (bucher@sggk.ch)
Claudia Moll, Dr. sc. ETH, Landschaftsarchitektin (moll@sggk.ch)
Johannes Stoffler, Dr. sc. ETH, Dipl. ing. ETH (stoffler@sggk.ch)

LEKTORAT
Kalinka Huber

ÜBERSETZUNGEN
Anne Devaux

UMSCHLAGSBILD
Annemarie Bucher

Manuskripte und Anfragen sind an die Adresse der Redaktion zu richten. Ein Anspruch auf Veröffentlichung besteht nicht. Für unverlangt eingesandte Manuskripte und Abbildungen übernehmen Verlag und Redaktion keine Haftung.

Das Werk einschliesslich aller seiner Teile ist urheberrechtlich geschützt. Jede Verwertung ausserhalb der engen Grenzen des Urheberrechtsgesetzes ist ohne Zustimmung des Verlages unzulässig und strafbar. Das gilt besonders für Vervielfältigungen, Übersetzungen, Mikroverfilmungen und die Einspeicherung und Verarbeitung in elektronischen Systemen.

Die Autoren und die Redaktion haben sich bemüht, alle Inhaber von Urheberrechten ausfindig zu machen. Sollten dabei Fehler unterlaufen sein, werden diese bei entsprechender Benachrichtigung im nachfolgenden Jahrbuch richtiggestellt.

BIBLIOGRAFISCHE INFORMATION DER
DEUTSCHEN NATIONALBIBLIOTHEK
Die Deutsche Nationalbibliothek verzeichnet diese Publikation in der Deutschen Nationalbibliografie; detaillierte bibliografische Daten sind im Internet über http://dnb.dnb.de abrufbar.

© 2024, vdf Hochschulverlag AG und Autoren
© Texte und Bilder bei den Autoren bzw. deren Rechtsnachfolgern

ISBN 978-3-7281-4177-4

www.vdf.ch
verlag@vdf.ch

SGGK Schweizerische Gesellschaft für Gartenkultur
SSAJ Société suisse pour l'Art des Jardins
SSAG Società Svizzera dell'Arte dei Giardini

Inhalt

Editorial 5

**Im Treibhaus.
Gärten und Klimawandel**

ANNEMARIE BUCHER — Klimawandel 8

FUJAN FAHMI — Überdauernde Oasen. Wasserspeichernde Gärten als Modelle für die Zukunft 13

EVA BERGER — «Diese kleine grüne Insel im Geschiebe des Dächermeeres». Der Dachgarten Friedinger in Wien 20

CLAUDIUS WECKE — Klimawandel in historischen Gärten. Anpassungsmassnahmen in den staatlichen Gärten Sachsens 29

BRIGITT SIGEL UND BRIGITTE FREI-HEITZ — Kenntnis und Fürsorge. Motivation für die Beschäftigung mit alten Gärten 39

ANNEMARIE BUCHER — Pflanzliches Treiben. Eine kleine Geschichte des Gewächshauses 53

Vitrine

JOHANNES STOFFLER — Die Baumuniversität Branitz 70

CLAUDIA MOLL — Das Vogelhaus im Zoo Basel 75

Bücher 83

Autorinnen und Autoren 88

topiaria von lateinisch *topiarius* = Kunstgärtner

Cicero (106–43 v. Chr.) in einem Brief aus dem Jahre 45 v. Chr: **topiarius**, ein Gärtner, der nicht Gemüse anpflanzt oder Obstbäume pflegt, sondern einen Garten mit Blumen anlegt, um den Betrachter zu erfreuen.

Plinius d. Ä. (ca. 23–79 n. Chr.): Der **topiarius** achtet auf geschmackvoll angelegte Blumen- und Pflanzenbeete; er schneidet Bäume und Sträucher.

Editorial

Liebe Leserin, lieber Leser

Wer ein Treibhaus betritt, spürt es sofort: Hier herrscht ein anderes Klima. Die Steuerung des Klimas ist für das Gärtnern ein zentraler Faktor. Treibhäuser, Wintergärten und Gewächshäuser, wie sie auch genannt werden, schirmen Pflanzen vor übermässigen Witterungseinflüssen ab. So ermöglichen sie mit ihren gläsernen Dächern und Wänden tropischen Pflanzen ein Leben in kühleren Regionen. Umgekehrt schützen sie Pflanzen, die es kühl mögen, vor tropischer Hitze und Nässe. Treibhäuser oder Gewächshäuser finden in verschiedenen Formen und in grossem Mass Anwendung in der landwirtschaftlichen und hortikulturellen Produktion. Denn wenn die Klimakontrolle nicht gewährleistet werden kann, fallen auch Blüte und Ernte aus. Sie optimieren und vermehren den Ertrag.

Die Geschichte der Treibhäuser reicht bis in die Antike zurück. Sie zeugt von einer steten Suche nach günstigen Wachstumsbedingungen, produktiven Manipulationen des pflanzlichen Wachstums und der Zucht exotischer Pflanzen ausserhalb ihrer ursprünglichen Standorte. Im 19. Jahrhundert boten sie beliebte Gegenwelten zum industriellen Alltag an, indem sie für kurze Zeit in eine exotische Natur entführten. Und heute, in Zeiten des rasanten Klimawandels, bieten sie sich als eine Art kontrollierbare Klimazellen an als Labore für zukünftiges Gärtnern.

Das Treibhaus eignet sich gut als Metapher des Wachstums. Zum einen fasst es zusammen, was gegenwärtig als globaler Klimawandel abstrakt erklärt und in jeweils konkreten extremen Wetterereignissen erlebt wird. Zum anderen versinnbildlicht es auch ganz allgemein das Vorantreiben von nicht pflanzlichen Dingen und Ideen. So wurde in den letzten Jahrzehnten des 20. Jahrhunderts die wissenschaftliche Forschung zur Gartendenkmalpflege vorangetrieben und damit ein guter Nährboden zum Umgang mit dem gartenkulturellen Erbe gelegt. Das zeigt der im vergangenen Jahr verliehene Schulthess Gartenpreis des Schweizer Heimatschutzes an die Arbeitsgruppe Gartendenkmalpflege von Icomos Schweiz.

Dieses Heft unternimmt eine facettenreiche Expedition in verschiedene Treibhäuser. Es geht Fragen des Klimawandels und der Klimasteuerung im Garten nach, zeigt auf, was wir von altmesopotamischen Bewässerungskulturen und Oasen lernen können, und führt uns schliesslich auch zur Entstehung der Gartendenkmalpflege in der Schweiz. In diesem Sinne wünschen wir den Leserinnen und Lesern von Topiaria Helvetica stets günstige Wachstumsbedingungen und eine anregende Lektüre.

Die Redaktion

Im Treibhaus

Gärten und Klimawandel

Who loves a garden loves a greenhouse too.

William Cowper

Klimawandel

ANNEMARIE BUCHER

… was wir darüber wissen

Dass sich die Erde erwärmt, ist immer weniger zu bestreiten. Hingegen klaffen die Einschätzungen dazu auseinander. Messungen, die seit Ende des 19. Jahrhunderts vorliegen, zeigen nicht nur die kontinuierliche Erwärmung auf, sondern auch, dass das Jahr 2023 das bisher wärmste seit Messbeginn 1850 war. Der Temperaturanstieg entspricht dem Anstieg der Nutzung fossiler Brennstoffe in diesem Zeitraum. Messdaten des renommierten Atmosphärenphysikers und Klimatologen Carlos Nobre zeigen auf, dass heute der atmosphärische Kohlendioxidgehalt (CO_2) um 40 Prozent höher ist als im Jahr 1750, das heisst in der vorindustriellen Zeit. Nobre hat zudem anhand mathematischer Modelle verschiedene Szenarien für den sich erwärmenden Planeten entwickelt. Diese verbindet, dass der Anpassung an den Klimawandel auch Grenzen gesetzt sind. Da die Klimamodelle für die Zukunft zunehmende klimatische Extreme wie Hitzewellen, Kältewellen, starke Regenfälle und Überschwemmungen, Dürren sowie intensivere und häufigere Hurrikane, Taifune und auch aussertropische Wirbelstürme prognostizieren, sind diese Grenzen äusserst relevant. Auch das Abschmelzen der Gletscher an den Polen, in den Alpen und ein Anstieg des Meeresspiegels um zehn Zentimeter innerhalb eines Jahrhunderts sowie das Tauen des Permafrostes beeinträchtigen die Erdoberfläche und ihre Nutzung zunehmend und zeichnen die Landschaft. Das Artensterben bedroht die biologische Vielfalt und verändert Biome und Anthrome. Wissenschaftler schätzen, dass wir in den nächsten Jahrzehnten im nördlichen Alpenraum mehr als 30 Prozent unserer einheimischen Arten verlieren, weil sie sich nicht an die veränderten Umweltbedingungen anpassen können. Durch den Klimawandel ändern sich sowohl Areale als auch Wachstumsprozesse von Pflanzen. Im Allgemeinen profitieren wärmeliebende Arten von höheren Temperaturen und breiten sich aus, während an mehr Feuchtigkeit gebundene Arten zu den Verlierern zählen. Doch schliesslich reagiert jede Art unterschiedlich auf das sich ändernde Klima.

Obwohl die Erderwärmung und ihre Folgen quantifizierbar geworden sind, passen wir uns nur zögerlich an. Zu den ersten, die darauf reagieren, gehören Städte und Kommunen, denn sie tragen nicht nur erheblich zum Klimawandel bei, sie sind auch in grossem Mass von seinen Folgen betroffen. An Küsten, Flüssen, Flussdeltas oder Berghängen gelegen, lösen sogenannte Naturgefahren (Überschwemmungen, Erdrutsche) im Siedlungsgebiet besonders hohe Schäden aus. Die steigenden Temperaturen werden in urbanen Räumen ausserdem durch viel Beton und Asphalt verstärkt. Mit neuen Konzepten wie Schwammstadt, Kreislaufwirtschaft, mit nachhaltiger Planung, flächensparenden Strukturen, emissionsärmeren Verkehrssystemen, energieeffizienten Gebäuden versuchen die politisch Verantwortlichen diese Veränderungen zu mildern oder gar entgegenzusteuern. Doch auch auf der individuellen Ebene und im privaten Raum besteht Handlungsbedarf.

… was wir davon sehen

Zu den unmittelbar beobachtbaren Folgen des Klimawandels gehört auch die Verschiebung der phänologischen Jahreszeiten. Da Blütezeit und Blattentfaltung von Pflanzen in erster Linie von der Lufttemperatur abhängen, hat die zunehmende Jahresdurchschnittstemperatur zur Vorverlegung wichtiger Frühlings-, Sommer- und Herbstanzeichen in der Natur geführt und bewirkt, dass in den vergangenen fünf Jahrzehnten die Winter in der Schweiz immer kürzer geworden sind. Dies zeigte sich u.a. darin, dass die Haseln bereits Mitte Februar oder gar früher zu blühen begannen, was für Heuschnupfen Geplagte deutlich spürbar war. Auch die Wachstumsphasen anderer Pflanzen haben sich entsprechend verschoben. Setzt sich der Klimawandel in diesem Stil fort, könnte gemäss Prognosen der Sommer im Jahr 2100 durchschnittlich fast ein halbes Jahr lang dauern und der Winter nur noch weniger als zwei Monate.

Abb. 1: Märzenglöckchen sind die klassischen Anzeiger des Frühlings.

Die Zeichen der phänologischen Jahreszeiten werden sowohl von selbst ernannten als auch von offiziellen Meteorologen gedeutet: Sie beobachten, wie sich bestimmte Pflanzen und Tiere über das Jahr entwickeln, und leiten daraus ihre Prognosen ab.

Ein wichtiger Anzeiger für den Frühling ist seit Jahrhunderten der offizielle Genfer Rosskastanienbaum von La Treille: Seit dem Jahr 1808 beobachtete Marc-Louis Rigaud regelmässig einen Kastanienbaum auf der Promenade de La Treille in Genf und notierte das Datum, an dem sich die erste Knospe des Baumes öffnete. Im Jahr 1818 wurde ein offizieller Baum ausgewählt, und der Sekretär des Grossen Rats von Genf wurde damit beauftragt, den Baum regelmässig zu beobachten und das Datum der Knospenöffnung in einem offiziellen Register festzuhalten. Dieses Ereignis wurde dann der Presse und der Öffentlichkeit bekannt gegeben, um den Beginn des Frühlings anzuzeigen. Der 1818 ausgewählte Baum kam zu Beginn des 20. Jahrhunderts an sein Lebensende, sodass 1905 ein neuer Baum ausgewählt werden musste. Nach dessen Ende im Jahr 1929 bestimmte man einen dritten Baum und im September 2015 einen vierten. Die seit 1818 gesammelten Daten des Austriebs der ersten Knospe der sogenannten «Amtskastanie» bilden nicht nur die älteste phänologische Aufzeichnungsreihe der Schweiz, sondern sind eine der ältesten der Welt. Trotz der grossen jährlichen Schwankungen der Daten zeigt sich Laufe des 20. Jahrhunderts ein Trend zu einer immer früheren Öffnung, mit einem Rekord im «Frühjahr 2003», in dem sich die erste Knospe bereits am 29. Dezember 2002 öffnete.

Das phänologische Beobachtungsnetz von MeteoSchweiz besteht seit 1951 und umfasst 160 Stationen. Es liefert Aufzeichnungen der Vegetationsentwicklung 26 verschiedener Pflanzenarten. Zwar dienen die Beobachtungen primär dazu, Prognosemodelle für den Blühbeginn zu erstellen. Doch anhand dieser Informationen lassen sich auch die Auswirkungen des Klimawandels auf die Vegetation untersuchen.

An der Japanischen Kirsche lässt sich die Veränderung der phänologischen Jahreszeiten besonders gut festmachen, und das japanische Kirschblütenfest führt uns den Klimawandel direkt vor Augen. Seit über tausend Jahren wird es

Abb. 2a und b: Die «Amtskastanie» in Genf und die ersten Aufzeichnungen über Blattöffnungen.

ausführlich dokumentiert. 2021 erreichte die Kirschblüte in Kyoto am 26. März ihren Höhepunkt – so früh wie noch nie seit Beginn der Aufzeichnungen im Jahr 812. Weltweit blühen die Pflanzen früher und die Verschiebung der Jahreszeiten weist zuweilen beträchtliche Folgen auf, da der frühe Austrieb das Risiko für Frostschäden erhöht. Besonders deutlich zeigte sich dies im April 2017, wo sich in der Natur und in Pflanzenkulturen grosse Frostschäden ereigneten. In der Tier- und Pflanzenwelt haben sich die Folgen des Klimawandels längst deutlich abgezeichnet. Der frühe Austrieb der Pflanzen stimmt nicht mehr mit dem Lebenszyklus der Insekten und der Zugvögel überein, was ganze Nahrungsketten zerstört. Wenn die Insekten fehlen, finden Vögel nicht mehr genügend Futter für die Aufzucht der Jungen, was zu einem weiteren «stummen Frühling»[1] führen wird.

… was wir dagegen tun können

Dass die Klimakrise kein abstraktes Phänomen ist, spüren wir auch in unseren Gärten: vertrocknetes Gemüse, brauner Rasen oder zu viel Regen sind Anzeichen dafür, dass sich die Zeitfenster und Regeln des Gärtnerns verändert haben und weiter wandeln werden. Zu den Gewinnern im Garten gehören Pflanzen aus den warmen Mittelmeerländern, die mit langer Trockenheit und Hitze gut zurechtkommen. Pflanzen jedoch, die ein kühleres Klima lieben, werden mit langen Hitzeperioden Schwierigkeiten bekommen. Hortensien und auch Rhododendren könnten in einigen Regionen bald verschwinden. Eine weitere Folge der steigenden Temperaturen ist die Zunahme von Schädlingen. Sowohl neue als auch altbekannte Schädlinge breiten sich aufgrund der fehlenden Fröste und der

Abb. 3a und b: Der Westliche Erdbeerbaum (Arbutus unedo) ist eine typische Pflanze des Mittelmeerraumes, die sich auch in anderen Gegenden als sehr resistent erweist.

verspäteten Zugvögel aus. Was bedeutet also Gärtnern in Zeiten der Klimakrise? GärtnerInnen sind sowohl VerwalterInnen als auch HüterInnen unserer Umwelt und können in ihren Gefilden etwas gegen den Klimawandel tun, sei es das Klima zu schonen oder den zunehmenden Veränderungen des Klimas wirkungsvoll zu begegnen. Das beginnt bei einem torffreien Garten, einer organischen, richtig dosierten Düngung, der Verwendung von lokalen Materialien und reicht bis hin zu Gartengeräten ohne Motor, Kompostieren der eigenen Gartenabfälle und Recyceln auf allen Ebenen. Die lokalen Ressourcen und die lokalen Naturkreisläufe zu nutzen, drosselt den ökologischen Fussabdruck sicherlich und bietet Massnahmen, sowohl natürliche Gemeinschaften als auch menschliche Gesellschaften bei der Anpassung an die unausweichlichen Veränderungen zu unterstützen. Vincent Fehr und Sunna Seithel von Florafutura[2] in Schaffhausen leben dies mit ihrer Zukunftsgärtnerei exemplarisch vor. Sie gehen ganz grundsätzlich von einem schonenden Gebrauch der natürlichen Ressourcen aus und bieten Pflanzen an, die eine längerfristige Zukunft haben, indem sie dem Klimawandel, dem Artenschwund und weiteren kommenden Problemen standhalten können. Ihr Angebot enthält viele Pflanzen aus dem Mittelmeerraum, jedoch auch exotische Früchte. In einem Blog erläutern die beiden Zukunftsgärtner ihre Philosophie und geben praktische Tipps. Ein Garten, der für die Zukunft gerüstet ist, soll resistent gegenüber dem gegenwärtigen und dem zukünftigen Klima sein. Er soll eine Vielfalt von Pflanzen und Lebensräumen aufweisen und auf umweltschädliche Pflanzenschutzmittel und Dünger verzichten.

Wie der Garten im urbanen Umfeld zukunftsgerecht gestaltet werden kann, zeigt auch die enge Zusammenarbeit einer Baugenossenschaft mit einem Gartenbauunternehmen von Anbeginn eines Bauvorhabens auf. Die Bau- und Wohngenossenschaft (BWG) Höflirain in Riehen lud 2019 den Landschaftsarchitekten Markus Winter (Schneider Gartengestaltung AG, Oberwil BL) ein, in Verbindung mit der Architektur eine Gartengestaltung[3] zu entwickeln, die gleichzeitig für die Flora und Fauna und für die MieterInnen der Genossenschaft einen Mehrwert bringt. Wie diese Beispiele zeigen, erweisen sich Gärten – wenn ihre Besitzerinnen und Besitzer die aktuellen Probleme und Ansätze aufnehmen – als wichtige Trittsteine für eine nachhaltige Zukunft.

Résumé

Le changement climatique impacte les jardins. Le réchauffement constant modifie les écosystèmes dans le monde entier. Chez nous, non seulement le décalage des saisons, mais également les périodes de chaleur et les fortes précipitations prévisibles bouleversent l'horticulture. Comment adapter concrètement notre conception du jardin ? A Schaffouse, l'équipe de Florafutura montre ce que pourrait être l'avenir du jardinage.

1   1962 erschien in Amerika das Buch *Silent Spring* (Der stumme Frühling). Darin warnt die Autorin Rachel Carson vor der Verseuchung von Umwelt, Tier und Mensch mit Pestiziden, vor allem dem Insektengift DDT. Das eindrückliche Bild ist das Verstummen und Verschwinden der Vögel.
2   florafutura.ch.
3   https://www.mehr-als-garten.ch/_files/ugd/50f7cc_1a5a2fd9-ce3349b4b2eab8c030b99a30.pdf.

Abb. 1: ETH-Z, Bildarchiv
Abb. 2a und b: Services du Grand Conseil de l'Etat de Genève
Abb. 3a und b: Florafutura

Überdauernde Oasen
Wasserspeichernde Gärten als Modelle für die Zukunft

FUJAN FAHMI

Die Schweiz gilt als «Wasserspeicher Europas». Doch im Jahr 2022 verzeichnete auch die Schweiz die niedrigsten Niederschlagsmengen seit 1864.[1] Trotz immer noch ausreichender Wasserreserven erleben einige Regionen wie das Tessin während trockener Sommerperioden schwerwiegende Wasserknappheiten.[2] Landschaftsarchitektur und -planung müssen sich daher zukünftig intensiv mit den Herausforderungen der Klimakrise beschäftigen. Dazu gehört die Notwendigkeit einer Anpassung der Wasserbewirtschaftung in Richtung wasserkonservierender Systeme.

Inspiriert von traditionellen Kulturen in ariden Klimazonen können auch urbane Freiräume als Wasserspeicher neu eingerichtet werden. Grünanlagen und Gärten sind entscheidend für die nachhaltige Entwicklung urbaner Landschaften zu wasserkonservierenden und widerstandsfähigen Lebensräumen. Gleichzeitig spielen sie eine zentrale Rolle, sowohl als Ort ästhetischer Erfahrung als auch in ihrer Funktion als Knotenpunkte sozialer Interaktion in einer dicht besiedelten urbanen Welt.

Land und Wasser

Der Wasserkreislauf zeigt sich immer wieder als kraftvolle Metapher für das Verständnis der komplexen ökologischen Zusammenhänge, denn jedes weitere Element der Natur ist von diesem abhängig und bewahrt dennoch seine Eigenständigkeit. Der Wasserkreislauf bietet somit ein überzeugendes Modell der Koexistenz verschiedener Gestaltungs- und Wirkungskräfte.

Natürliche Landformen entstanden durch die Kraft des Wassers. Über Millionen von Jahren floss es über die Erdoberfläche und formte dabei durch fortlaufende Erosions- und Verwitterungsprozesse das Gelände. Wasser gestaltet. Es bahnt sich seinen Weg durch die Geosphäre und ermöglicht über den Wasserkreislauf einen endlosen Austausch. Als Niederschlag beugt sich das Wasser der Gravitationskraft. Es verdunstet, versickert in den Boden oder sammelt sich in Gewässern. Und schliesslich füllt es die natürlichen Grundwasserreservoire unseres Planeten, um dann in Form von Quellen wieder hervorzutreten. Auf seiner zyklischen Reise folgt das Wasser zum einen der nuancierten Topografie und zum anderen formt es diese, indem es sich darin seinen eigenen Weg bahnt.

Die Beziehung zwischen den Naturelementen Wasser und Erde reicht über ihre physische Manifestation hinaus. Wasser und Erde werden zu Botschaftern einer kulturellen Erzählung: Das lateinische Wort «terra» für Erde geht auf die urindogermanische Wurzel *ters- zurück, was «trocken sein» bedeutet.[3] Dies bezieht sich speziell auf die Materialität des Bodens. Die Etymologie des Begriffs «aqua» hingegen gründet in der indogermanischen Wortwurzel *ak-, was «biegen» heisst. Wasser wird demnach als Substanz betrachtet, die sowohl die Form des Gefässes annimmt, das es ausfüllt, als auch als eine Formkraft, die die Fähigkeit besitzt, andere Materialien zu formen. Wasser ist also ein dynamisches Element, dessen Nutzung und Gestaltung mit grossem Arbeitsaufwand und viel Wissen verbunden ist.

Landformen wurden über Jahrtausende hinweg durch natürliche Kräfte geformt, aber auch der Mensch hat das natürliche Terrain vielfach und tiefgreifend verändert. In der Betrachtung dieses kulturell überformten Landes entsteht «Landschaft». Sie ist nicht mehr unberührt, sondern geschaffener Ausdruck des Verhältnisses zwischen Mensch und Natur. Die Bewirtschaftung des Wassers spielt dabei eine zentrale Rolle. Jenseits der natürlichen Eigendynamik des Elements Wasser unterliegt es dabei der Kontrolle unseres Geistes. Wir lenken es, orchestrieren seine Strömungen und führen es geschickt auch gegen die Gravitation. Unverkennbar ist, dass unsere Fähigkeit, das Naturelement zu dirigieren, nicht nur eine technologische Errungenschaft ist, sondern auch eine kulturelle Dimension besitzt.[4] Denn in dieser «Zähmung» des Wassers zeigt sich gleichsam eine funktionale als auch eine ästhetische Dimension. Die Theorie der hydraulischen Kulturen betont genau diesen Aspekt, indem sie die enge Verbindung zwischen der Beherrschung von Wasser und der Formung kultureller Landschaften hervorhebt.[5]

Abb. 1: Eram-Garten, Shiraz: Das Wasser aus dem Qanatsystem fliesst in ein kunstvoll angelegtes Bewässerungsbecken und deckt den Wasserbedarf der Pflanzen umfassend.

Persische Gärten – Meisterwerke der Wasserbewirtschaftung und -gestaltung

Die persischen Gärten, als lebendiges kulturelles Erbe Irans, sind exemplarische Beispiele und Vorbilder für eine Gartenarchitektur des sorgsamen Umgangs mit Wasser. Sie sind Zeugnisse einer tiefen kulturellen Verbundenheit mit Natur und einem nachhaltigen Umgang mit Wasser und sie spiegeln die Werte und Strategien einer Gesellschaft wider, die im Einklang mit ihrer Umwelt existierte. Diese Gärten waren weit mehr als ästhetische Enklaven; sie waren gestaltete Symbiosen aus Funktion und Bedeutung. Die mit Mauern umgrenzten und mit geometrischen Anlagen ausgestatteten Gärten erwiesen sich auch als vitale Oasen, die durch das raffinierte Qanatsystem inmitten der sengenden Wüsten mit Wasser genährt wurden.[6]

Die bahnbrechende Erfindung der Qanate erwies sich als Lösung, um den Herausforderungen der trockenen Landschaft Persiens zu begegnen, und sie können auch als Schlüssel zu einer nachhaltigen Wasserversorgung betrachtet werden. (Abb. 1) Die unterirdischen Stollen, die Wasser von weit her aus den Bergen heranführten, strukturierten nicht nur die persische Kultur- und Naturlandschaft, sie waren auch fundamental lebensspendend, indem sie das Rückgrat für die Wasserversorgung von Städten, Dörfern und Agrarlandschaften bildeten. So verband die traditionelle persische Stadtplanung die rhythmische Anordnung von Baukörpern, grüner Infrastruktur

Abb. 2: Im königlichen Garten von Pasargadae bezeugen die Überreste die Existenz eines über 900 Meter langen Netzes von hydraulischen Strukturen aus behauenem Kalkstein. Raffinierte Bewässerungskanäle und offene Gräben leiteten das Wasser in kleine Becken.

und Gärten mit diesem weit verzweigten und übergeordneten Wasserversorgungssystem.

Sowohl das persische Naturverhältnis als auch die Gartenkunst sind eng mit dem Bezug zum Wasser verknüpft. Die Verschmelzung von zoroastrischer Philosophie und dem Bau der Qanate während der Sasanidenzeit (224–651 n. Chr.) zeugt von der tiefen Verbindung zwischen Menschen und Natur, dem Streben nach einem kosmischen Gleichgewicht, und legt den Grundstein für die Gestaltungsprinzipien der persischen Gärten. In dieser Zeit entstanden auch die paradiesischen Rückzugsorte – die unter dem Begriff «pairidaēza» eine wichtige Bedeutungsdimension eröffnen. Der Begriff wird zweimal im *Avesta* (zoroastrisches Buch) verwendet und setzt sich aus zwei Abschnitten zusammen: «pairi» bedeutet «um» und «Kreis» und «daeza» bedeutet «Anhäufung» und «Ummauerung».

Persische Gärten sind eng mit dem Konzept des Chahar-Bagh – einem geometrischen Grundmuster – verbunden und blicken damit auf eine lange Tradition zurück: Griechische Historiker berichten, dass Teile der iranischen Hochebene bereits um 3000 v. Chr. kultiviert waren und dass Gärten einen bedeutenden Platz in den Wohnanlagen der Perser einnahmen. Der Chahar-bagh-Stil wurde erstmals im königlichen Garten von Kyros, dem Grossen, in Pasargadae nachgewiesen. Die Hauptstadt der achämenidischen Dynastie, in der Marqab-Hochebene am Fluss Polovar gelegen, war von Hügeln und Bergen des Zagrosgebirges umgeben. Im Zentrum der Palastanlage befand sich ein quadratischer Garten mit den Massen 250 × 300 Meter mit Wasserläufen, die von Steinblöcken gefasst waren. Untersuchungen des Archäologen David Stronach zeigen, dass diese Wasserläufe nicht nur der Bewässerung dienten, sondern auch die geordnete vierteilige Geometrie des Gartens mit formten, die an die kosmische Ordnung und die vier Grundelemente (Wasser, Erde, Wind und Feuer) erinnert.[7] (Abb. 2.)

Der Eram-Garten in Shiraz als resiliente urbane Landschaft

Die Stadt Shiraz mit ihren zahlreichen Gärten zeugt von ökologischer Widerstandfähigkeit dieser Grünräume. Ein beeindruckendes Beispiel stellt der Eram-Garten dar, auch als Bagh-e Eram bekannt. Dieser Garten, der am Hang des Berges Asiab gelegen ist, repräsentiert die traditionsreiche Kunst der persischen Gartenarchitektur inmitten einer zeitgenössischen urbanen Landschaft. Er hat sich von einem schlichten Obstgarten zu einem urbanen botanischen Lehrraum entwickelt, der Elemente wie Symmetrie, Wasser und botanische Vielfalt geschickt kombiniert. Wasser, kunstvoll in Brunnen und grossen Bassins inszeniert, dient der ästhetischen Erbauung. Es dient in grossem Mass der Bewässerung der Pflanzen und wirkt auch als kühlendes Element.

Abb. 3: Eram-Garten in Shiraz: Der Garten weist einen Höhenunterschied von etwa 10–15 Metern auf, sodass das Wasser über eine treppenartige Wasserrinne durch den Rosengarten geleitet wird. Die Kiefern spenden Schatten und schützen das Wasser vor Verdunstung. Zusätzlich fungieren die erhöhten Rinnenmauern als Sitzgelegenheiten.

Die Geschichte dieses grünen Refugiums reicht bis ins 11. Jahrhundert zurück: Er wurde unter den Seldschuken konzipiert und hat im Laufe der Jahrhunderte unter verschiedenen Dynastien, darunter den Safawiden und Kadscharen, bedeutende Transformationen durchlebt. Im 19. Jahrhundert erlangte er unter der Herrschaft der Qasqai-Stämme seine heutige Form und die Funktion eines botanischen Gartens.

Das Layout des Gartens folgt dem klassischen persischen Muster, mit symmetrischen Achsen, Pavillons, Bassins und terrassenförmigen Alleen, die den Hang erschliessen. (Abb. 3) In dieser Anordnung erfolgt auch die effiziente Verteilung des Wassers. Die Bewässerung des ursprünglichen Obstgartens basierte auf herkömmlichen Methoden wie «Gravitationsbewässerung» und simplen Wasserleitungen und sie reflektiert die geschickte Anpassung an die natürlichen topografischen Gegebenheiten und die Bedürfnisse der Pflanzen. (Abb. 4) Durch die Modifikationen der Topografie wurde zudem eine langsamere Versickerung des Wassers erreicht, was zu einer gleichmässigeren Verteilung über die Terrassen hinweg führte und die Entstehung neuer Vegetationsformen begünstigte. (Abb. 5) Nachdem das Wasser die Bäume und andere Pflanzen in jedem Garten bewässert hat, fliesst es aus dem Garten heraus, um Felder und andere Flächen zu bewässern.

Die vielfältigen Eigenschaften und Funktionen des Wassers im Garten lassen sich wie folgt beschreiben. Während Kanäle und Bäche direkt für die Bewässerung der Pflanzen sorgen, speichern die grossen Teiche und

Abb. 4: Eram-Garten in Shiraz: Im Obstgarten werden mikrotopografische Modellierungen des Geländes verwendet. Dabei entstehen Rinnen, die den Wasserfluss durch sanfte Vertiefungen zwischen den Baumreihen lenken, um eine präzisere Bewässerung der Wurzelzonen zu ermöglichen.

Wasserbecken das kostbare Nass für trockene Jahreszeiten. Brunnen und Kaskaden stehen einerseits für die Verschönerung der Gärten und andererseits tragen sie zur Luftfeuchtigkeit und Kühlung an heissen Tagen bei. Eine ausgeklügelte Strategie für die Verdunstungskühlung in Eram bestand darin, dass das Hauptbecken entsprechend den Windrichtungen orientiert ist, sodass der Wind einen kühlenden Verdunstungseffekt erzeugen kann.

Die nachhaltige Nutzung von Wasserressourcen wirkt sich unmittelbar im Vegetationsbestand aus. Im Garten gedeihen verschiedene schattenspendende Baumarten, darunter majestätische Zypressen (Sarv), Weiden (Bid) und Tannen (Sanowbar). (Abb. 6) Zu den blühenden Pflanzen zählen beispielsweise Lilien (Susan), Narzissen (Nar-ges), Hyazinthen (Sombol), Tulpen (Lale), Anemonen (Shaqayeq) sowie Veilchen (Banafshe), die saisonale Attraktionen bilden. Der Garten ist zudem von unterschiedlich duftenden Kräutern bestückt, wie dem aromatischen Basilikum (Rihan). Diese Pflanzen bilden ein ausgewogenes Ökosystem, das dank umsichtiger Wasserplanung und Pflege einer feindseligen Umgebung standhält.[8]

Obwohl die persischen Gärten einem tradierten geometrischen Muster (des Chahar-Bagh) folgen, sind auch Anpassungen aufgrund des Verständnisses der lokalen hydrologischen Systeme und der klimatischen Bedingungen notwendig und möglich. Vor diesem Hintergrund entwickelte sich eine «hydraulische Kultur», die in der Lage war, jeden kostbaren Wassertropfen zu sammeln und wirkungsvoll einzusetzen.

Abb. 5: Der Jahan-Nama-Garten in Shiraz bezieht sein Wasser aus dem berühmten Roknabad Qanat. Geschickt durch offene Kanäle geleitet, schafft das Wasser auch eine ästhetisch ansprechende Atmosphäre. Trittsteine entlang des Kanals bieten praktische Durchgänge zwischen den Gartenbereichen.

Résumé

Le cycle de l'eau entraîne un modèle de coexistence de différentes forces de formes et d'effets. En s'inspirant des cultures traditionnelles dans les zones arides, on peut concevoir des espaces urbains libres comme des réservoirs d'eau et des paysages résistants à la sécheresse. Dans ce contexte, les espaces verts et les jardins sont essentiels au développement durable des paysages urbains en associant conservation de l'eau et espaces résilients. Ils jouent un rôle central comme lieu d'une expérience esthétique et fonctionnelle comme point nodal de l'interaction sociale dans les quartiers densément urbanisés. L'exemple des jardins persans, héritage culturel de l'Iran, témoigne de la préfiguration d'une architecture des jardins soucieuse de la gestion de l'eau. Entre l'enceinte des murs, les jardins organisés de façon géométrique se révèlent des oasis au milieu de déserts brûlants, élaborés grâce à l'ingéniosité du système des Qanat.

Abb. 6: Baumallee als natürlicher Schattenspender, Eram-Garten in Shiraz, Iran.

1. MeteoSchweiz (2023). *Klimabulletin Jahr 2022*, Zürich, S. 6–11.
2. BAFU (2020). «Wasser ins Trockene bringen», in: *Die Umwelt 4. Wird in der Schweiz das Wasser knapp?*, Jakob, Bettina, S. 14–16.
3. Cosgrove, Denis E., Petts, Geoffrey E. (1990). *Water, Engineering, and Landscape: Water Control and Landscape Transformation in The Modern Period*, London.
4. Mellitzer, Jürgen (1997). *European Academy of the Urban Environment, und Water-Saving Strategies in Urban Renewal. Water-Saving Strategies in Urban Renewal: European Approaches, The Urban Environment in Europe*, Berlin.
5. Wittfogel, Karl August (1957). *Oriental Despotism: A Comparative Study of Total Power*, New Haven.
6. Goblot, H. (1979). *Les qanats, une technique d'acquisition de l'eau*, Ecole des hautes Etudes en Sciences Sociales, Paris.
7. Rostami, Raheleh, Lamit, Hasanuddin, Meysam Khoshnava, Seyed, Rostami, Rasoul (2016). «A case study of historical Persian gardens», in: *Urban Forestry & Urban Greening*, Vol. 15, S. 211–224.
8. Fathipour, A., Ekhtiari, M. (2022). «Investigating Interaction between Multisensory Landscape Factors in Iranian Gardens – Case Study: Eram Garden (Bagh-e-Eram) in Shiraz», in: *Journal of Environmental Studies*, 46(3), S. 537–558.

Abb. 1, 3, 4, 5: Fujan Fahmi, 2018

Abb 2: Seminarreise «Building a Dream Between Mountains and Deserts», Lehrstuhl für Landschaftsarchitektur von Prof. Christophe Girot, ETH Zürich, 2019

Abb. 6: Fujan Fahmi

«Diese kleine grüne Insel im Geschiebe des Dächermeeres»
Der Dachgarten Friedinger in Wien

EVA BERGER

Die Zeichen des Klimawandels sind uns allen deutlich sichtbar: Die Temperaturen steigen, die Vegetation setzt früher ein und verändert sich, der Sommer zählt mehr Hitzetage und längere Hitzeperioden, Starkregen tritt häufiger auf, weniger Niederschläge fallen im Frühling, Herbst und Winter. Dachgärten sind daher auch ein Beitrag zur Verbesserung des städtischen Kleinklimas, denn sie kühlen durch Verdunstung und Beschattung, sie speichern und filtern Niederschläge, was auch zur Entlastung des Abwassersystems und der Kläranlagen beiträgt. Darüber hinaus verbessern sie die Luft durch Luftschadstoffbindung, Staubfilterung und Sauerstoffbildung. Auch bietet die Erdschicht Schutz für die Dachhaut, Kühlung im Sommer und Wärmedämmung im Winter für die darunter befindlichen Räume sowie Schallschutz durch Schalldämmung. Dachgärten sind als Freiräume in unmittelbarer Nähe der Wohnungen vielfach nutzbar und geben die Möglichkeit der Pflanzenpflege und der Naturbeobachtung als Lebensraum für die Pflanzen- und Tierwelt. «Grünblicke» auf Dachbegrünungen und Dachgärten sind erfreulicher als die Aussicht auf unbegrünte Flachdächer.[1]

Anhand des Beispiels des Wiener Dachgartens von Maria (1901–1990) und Egon Karl Friedinger (1896–1970) kann die Bedeutung der Dachgärten veranschaulicht werden, zumal die Geschichte und das Aussehen dieser Anlage gut dokumentiert sind und bis heute kein anderer Wiener Dachgarten seit seiner Entstehung eine ähnlich grosse Beachtung in Veröffentlichungen erhielt (Abb. 1).

Natürlich wurden Dachgärten seit der Antike in mannigfaltiger Form gebaut – von den sagenhaften Gärten der Semiramis bis hin zu den begrünten Aussichtsterrassen barocker Paläste.[2] Mit dem Anbruch der Moderne erhält das Thema des Dachgartens jedoch eine neue Präsenz in Architektur, Städtebau und Populärkultur. Dies spiegelt sich auch in einem in einer Tageszeitung im Jahr 1920 enthaltenen Beitrag: Der auf Wien Blickende «kann sich in der letzten Zeit nicht genug wundern, wie sehr sich Wien, von der Vogelperspektive aus gesehen, geändert hat. Sehr viele Häuser tragen moosartige Hütchen, denn es sind auf fast allen flachen Dächern, wenn es nur irgendwie tunlich ist, grüne Anlagen entstanden. Wenn man diese durchs Fernglas ins Auge faßt, dann sieht man aber, daß sich Wien durchaus nicht zur qualifizierten Gartenstadt entwickelt hat, die auf ihren Dächern ozonreiche Luftreservoirs errichtet. Es ist ein Kapitel der Not, das uns da anspricht. Mitten im steinernen Häusermeer sind auf den Dächern – Schrebergärten entstanden; denn möglichst reicher Gemüseanbau ist ein Gebot der Zeit geworden. Die modernen Zinsbauten haben mit ihrer Raumökonomie jeden Hausgarten verdrängt, und die lichtlosen, gepflasterten Höfe eignen sich durchaus nicht für landwirtschaftliche Zwecke. Jene Wahrzeichen städtischer Agrikultur auf den Giebeln der Häuser leuchten jedoch nicht nur von der Peripherie herüber, sie erstrecken sich ins Zentrum von Wien und drängen sich bis dicht unter den Stephansturm. Seit so viele Wiener verurteilt sind, während der

Abb. 1: Dachgarten Friedinger in Wien, um 1933, Foto von Egon Karl Friedinger.

Sommermonate in der durchglühten Stadt zu verbleiben, kann der alte Stephansturm hier eine Sitte vermerken, die früher fast unbekannt war. Zu den modernen Heilmethoden gehören die Luft- und Sonnenbäder, und da es nur verhältnismäßig wenigen gegönnt ist, einen Kurort zu besuchen oder die Licht- und Lufttherapie in einer Wiener Heilanstalt zu genießen, so sieht man vom Stephansturm aus – vornehmlich um die Mittagszeit – auf den Dächern der Häuser Gestalten, die sich im grellen Licht der Sonne dehnen und strecken. Sie genießen mit Wohlbehagen ihren Sommerfrischenersatz.»[3]

Im Jahr 1927 zog der Architekt Egon Karl Friedinger in das 1906/1907 nach Plänen von Georg Berger für den Stadtbaumeister und Architekten Guido Gröger erbaute mehrgeschossige Mietwohnhaus im 3. Bezirk.[4] Nach seiner Heirat im Jahr 1930 mit Maria, geborene Engelhart, legte Friedinger im November 1930 Umbaupläne für das seit Beginn im obersten Geschoss bestehende fotografische Atelier zu einer Wohnung, zu einem Büro und Atelier sowie zur Veränderung der Terrasse des Fotoateliers zu einem Dachgarten vor. Der Umbau der Räume und die Anlage des Dachgartens erfolgten 1931.[5] Das von der Wohnung aus zugängliche, zum Hof orientierte Presskiesdach nutzte Friedinger nun zur Umgestaltung in einen bis heute erhaltenen, wenn auch veränderten Dachgarten (Abb. 2). Er veröffentlichte in Fachzeitschriften einige Beiträge über

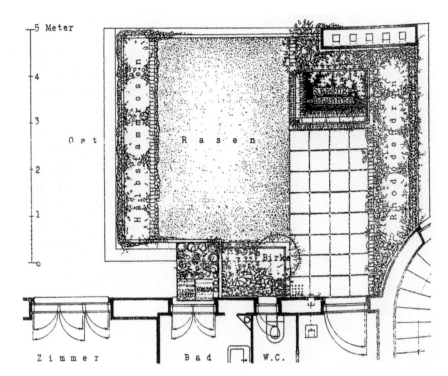

Abb. 2: Grundriss des Dachgartens, um 1933, Zeichnung von Egon Karl Friedinger.

diesen von ihm als «Notlösung» bezeichneten Garten, um vielleicht auf sich als Planer solcher Dachgärten aufmerksam zu machen. Derzeit ist jedoch kein weiterer von ihm entworfener Dachgarten ausfindig zu machen.[6] Bereits ein Jahr nach Fertigstellung des Dachgartens, 1932, ist in der englischen Fachzeitschrift «The Architectural Review» in einem Beitrag über Dachgärten und Terrassen Friedingers Dachgarten gemeinsam mit einem vom österreichischen, nach Nordamerika ausgewanderten Architekten Richard Neutra geplanten, 1927 erbauten flachgedeckten Sanatorium (The Heath House im Griffith Park, Los Angeles) und dem 1926 vom armenischstämmigen Architekten Gabriel Guevrekian entworfenen Terrassengarten der Villa Noailles in Hyères abgebildet. Im Text wird festgestellt, dass der Dachgarten Friedingers für einen der zahlreichen von André Lurçat in Paris geschaffenen Dachgärten gehalten werden könnte.[7] 1934 meint Friedinger in einem Interview zur Frage der Journalistin Rose Poor Lima, warum in Wien so wenige Dachgärten bestehen, dass die Wiener die «traulichen Steildächer» schätzen würden. Er selbst könnte sich aber bei entsprechend mit neuer Dachhaut errichteten Häusern eine neue Stadt Wien – eine «Dachgartenstadt» – vorstellen. Er nennt als Vorteile der Dachbegrünung Schutz vor Überhitzung, Platz zur Erholung und Ort für weite Aussicht.[8]

Wie gestaltete Friedinger nun den eigenen Dachgarten? Auf einer Grundfläche von nur ca. 5 × 7 m liegt der Garten hoch über den begrünten Innenhöfen der grossbürgerlichen, anfangs des 20. Jahrhunderts erbauten Mietwohnhäuser rund um den Arenbergpark. Die brusthohe, mit grobem Verputz versehene Mauer entstand durch das Verstreichen des vorhandenen Drahtgitters der Brüstung mit Beton, eine weitere, höhere Mauer und die hohen Hauskamine grenzen das Geviert ab. Die eine, etwas kleinere Hälfte ist mit quadratischen Kunststeinplatten belegt und nimmt ein Wasserbecken samt Springbrunnen auf, die andere Hälfte trägt die Rasenfläche. Längs der Mauern und Wände sind die bepflanzten Beete untergebracht, in denen auch einige Selbstklimmer zur Begrünung der Wände gepflanzt sind (Abb. 3). In seinem 1933 erschienenen Beitrag «Mehr Dachgärten der Großstadt! Ein bewährter Versuch»

Abb. 3: Blumenbeet in der südöstlichen Ecke des Dachgartens, Foto von Egon Karl Friedinger, um 1933.

tritt Friedinger vehement und ausführlich für die Anlage von Dachgärten ein: «Der Großstadtmensch, der verurteilt ist, fast das ganze Jahr in den Mauern seiner Stadt zu verbringen, vermißt wohl am schmerzlichsten den belebenden Kontakt mit der Natur, dem nie versiegenden Quell der Erfrischung, wie er sich dem glücklicheren Landbewohner in unerschöpflicher Fülle darbietet. In jeder Großstadt sind eine Unmenge von neueren Büro-, Geschäfts- und Warenhäusern mit ebenen Dächern, meist Preßkiesdächern (d. i. Dachpappe in mehrfachen Lagen geteert, mit Bekiesung) gedeckt. Die oberste Schicht solcher Dächer besteht meist aus grobem Kies, Flugsand, Staub und Ruß, vermengt mit Abfällen von Dach- und Schornsteinreparaturen, Elektro- und Radioinstallationen, Glasscherben, Konservenbüchsen usw. Von der Sonne beschienen, strahlt ein solches Dach eine erstaunliche Hitze aus und trägt so seinen Gutteil dazu bei, daß die Großstadtluft, zumal im Sommer, so unerträglich empfunden wird und gesundheitsschädlich wirkt. Der Großstädter, der gezwungen wird, mit einer Dachwohnung in unmittelbarer Nachbarschaft derartiger Sandwüsten und Hitzespeicher vorliebzunehmen, weil diese meist billiger sind wie die normalen Geschoßwohnungen der städtischen Zinskasernen, ist vielfach nicht in der Lage, sich und seiner Familie jährlich einen ausgiebigen Landaufenthalt zu gönnen. Ihm nun kann der moderne Stand der Dachdeckungstechnik mit ihrer reichen Auswahl an Dichtungsmitteln, ohne jede Schädigung des Bauzustandes des Daches, mitunter leicht und mit den geringsten Geldopfern zu einem eigenen, kleinen Dachgarten verhelfen und ihn damit für die Unannehmlichkeiten reichlich entschädigen, die die Lage im obersten Geschoß oder im Dach nun einmal mit sich bringt. Durch Schaffung solcher Dachgärten würden nicht nur Sonne und Luft für verqualmte Großstädterlungen gewonnen, sondern auch der große Vorteil einer zusammenhängenden Erdschüttung, nämlich die wesentliche Milderung der so schädlichen Temperaturextreme, zugunsten des Deckungsmaterials genutzt.»[9]

In einem weiteren 1933 erschienenen Beitrag zu seinem Dachgarten schildert Friedinger das grösste Problem der Begrünung in luftiger Höhe: «Dessen gefährlichster Feind ist der ständige Wind, der in kurzer Zeit auch eine relativ hohe Erdschicht auszutrocknen vermag. Aus diesem Grunde wurde an der Westseite [Anm.: die wetterexponierteste Seite in Wien] der Terrasse eine 2 m hohe Schutzwand errichtet, die den freistehenden Schornstein mit der Hausmauer verbindet.» Friedinger nennt das möglichst standortgerechte und je nach den Bedingungen der vier Himmelsrichtungen ausgesuchte reichhaltige Pflanzenmaterial: «Kaminpfeiler, Windschutzwand, Stiegenhausmauer und die Ostbrüstung wurden mit Ampelopsis und Feitchii [sic; Anm.: Sorten des Wilden Weines] bepflanzt. Die Westseite [ist] mit Rhododendron zwischen Gladiolen und Lilien, längs der Rollschar mit niederen Sommerblühern, die Kaminseite mit Goldregen und Flieder, im Schatten der Brüstung mit Akelei, Zyklamen und Veilchen bepflanzt. Die Ostseite ist mit Halbstammrosen, der Rand mit Nelken und Frühjahrsblühern bedeckt. Die Erdwanne war mit Sonnenblumen, Sommerzypressen und Calla bestanden. Die Bepflanzung des Bassins besteht aus Cyperus alternifolius, Scirpus, Sagittaria und Iris.»[10] (Abb. 4).

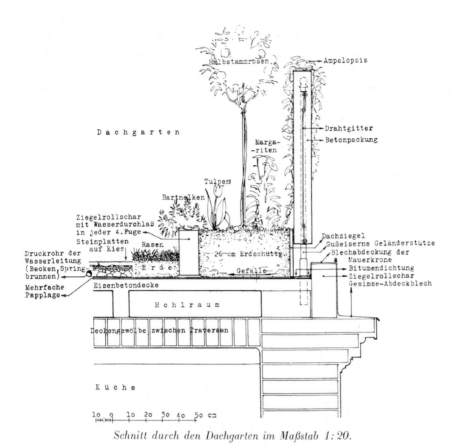

Abb. 4: Schnitt durch den Dachgarten, Zeichnung von Egon Karl Friedinger.

In einem 1936 gegebenen Interview nennt Friedinger die drei für ihn wesentlich für das gute Gedeihen des Dachgartens nötigen Begriffe «Verständnis, Geduld und Zeit».[11] Unter dem treffenden Titel «Gartenschönheit in luftiger Höhe» stellt er den Dachgarten umfänglich im Jahr 1938 in der deutschen Zeitschrift «Gartenschönheit» mit Text, Grundriss, zwei Schnitten und einigen Fotos vor: «Man versuchte, eine [...] vorgelagerte Terrasse in einen kleinen Wohngarten zu verwandeln. Die Bilder aus verschiedenen Jahren des nunmehr sechsjährigen Bestehens des Dachgartens sollen zeigen, was aus solcher Kieswüste bei sachgemäßer Anlage, einiger Aufmerksamkeit und etwas Verständnis, aber ohne nennenswerte Geldmittel gemacht werden kann.» In diesem Beitrag befasst er sich weiters mit dem notwendigen technischen Aufbau, der Wahl und der Pflege der Pflanzen und mit den Vorteilen der Begrünung für das Mauerwerk. Zum Nutzen eines Dachgartens für seine Frau und für ihn meint Friedinger: «Diese kleine grüne Insel im Geschiebe des Dächermeeres soll Gelegenheit zu Luft- und Sonnenbad für die Bewohner des Wohnateliers bieten, Sitz- und Ruhegelegenheit im Grünen und nach der Arbeit unter dem schwülen Dach, in den warmen Hochsommernächten das Schlafen im Freien gestatten. Der Erfüllung dieser Bedürfnisse entspricht die auf Ruhe und Weiträumigkeit gerichtete Neugestaltung in der Bindung allzu bewegter Mauerkonturen, Gliederung der Flächen und Wahl der Pflanzstellen, unter Verzicht auf jede wie immer getarnte Romantik. Der besondere Reiz der Anlage wurde in der Wahl und dem leicht möglichen, jährlichen Wechsel der Bepflanzung, der auch aus gärtnerischen Gründen angezeigt ist, gesucht und auch gefunden. [...] Wer nicht weiß, woher sie

Abb. 5: Dachgarten Friedinger, Foto von Egon Karl Friedinger.

[Anm.: die Fotos] stammen, könnte meinen, sie wären ein Teil eines auf ebener Erde gelegenen Gartens, und sie lassen wohl ahnen, wie groß die Freude der Besitzer an diesem so in luftiger Höhe gelegenen stillen Garten ist.»[12] (Abb. 5)

Auch von anderen Autoren wird der Dachgarten Friedinger in Fachbüchern und Fachzeitschriften präsentiert:[13] Der Münchner Architekt Guido Harbers stellt den Dachgarten 1937 in der zweiten Auflage seines Buches *Der Wohngarten* mit fünf Fotos, einem Grundriss und einem Schnitt, der den Aufbau des Flachdaches und des Gartens zeigt, vor und schreibt anerkennend: «Vom Gesichtspunkt des räumlichen ‹Wirkungsgrades› ist der hier gezeigte Dachgarten wohl ein besonders treffendes Beispiel. [...] Trotz dieser weitgehenden Unterteilung [Anm.: der kleinen Grundfläche] und Belebung durch die verschiedenen Gartenelemente wirkt das Ganze ruhig und geschlossen.»[14]

Ab 1939 erschien in drei Auflagen das vom deutschen Verleger Herbert Hoffmann veröffentlichte Buch *Garten und Haus. Die schönsten deutschen und ausländischen Wohngärten und ihre Einbauten*, in den ersten beiden Auflagen, 1939 (also nach dem 1938 erfolgten «Anschluss» Österreichs an das «Großdeutsche» Reich) und 1941, sind zwei Fotos der Anlage und eine kurze Beschreibung enthalten: «Mitten hinein in die Großstadt, nämlich nach Wien, führt dieser kleine Dachgarten. Der Architekt Egon Friedinger legte ihn vor eine Atelierwohnung, an die ein niedrigerer Seitenflügel mit Preßkiesdach anstieß. Auf nur 26 cm Erdreich, aber mit Mauerschutz gegen austrocknende Winde, gelang ihm ein gut fortkommendes Gärtchen mit geplätteltem Sitzplatz, Rasenfläche, Staudenrabatten und Wasserbecken. Größe 6 × 7 m.»[15]

Im bereits genannten Beitrag Friedingers in der Zeitschrift «Gartenschönheit» aus dem Jahr 1938 sind seine Erfahrungen mit der Dachbegrünung zusammengefasst und bieten Informationen allgemeiner Art für das Errichten eines Dachgartens: «Seitdem die Terrassenfläche als Garten, Rasen, Plattenbelag und vor allem eine Erdschicht trägt, sind Frostschäden an diesem Dach nicht mehr eingetreten. Stellen sich so die Folgen der Anlage eines Gartens selbst auf einem alten Terrassendach als leicht kontrollierbar, daher für dessen baulichen Zustand als ungefährlich heraus, so sind andererseits die Wirkungen dieser besonderen Lage für die Bepflanzung eines derartigen Gartens von bestimmender Bedeutung. Neben den Gefahren und Schädlingen, die jeden Garten überhaupt bedrohen, ist der gefährlichste Feind offener Dachgärten nicht etwa die hochsommerliche Sonnenglut, denn ihr läßt sich durch Wahl der Bepflanzung und Beschattung leicht begegnen, auch nicht der strenge Winterfrost, denn er kann die von den darunterliegenden Wohnräumen ständig erwärmte Unterlage nicht recht angreifen, sondern der Wind, der alle exponierten Stellen im Häusermeer einer Großstadt, und das sind die Dächer in den allermeisten Fällen, ständig umspült. Selbst wenn meteorologische Windstille herrscht, bewirken die mit Sonnenstand und Bewölkung stets wechselnden Bestrahlungsverhältnisse zwischen Dachfläche und Straßenschlucht immerwährende Temperaturdifferenzen, die dauernd Luftbewegungen zur Folge haben und imstande sind, auch stärkere Erdschichten in kürzester Frist auszutrocknen.»[16]

Über die weiteren Geschicke des Dachgartens erfahren wir vieles im 1982 veröffentlichten Beitrag von Wilfried Posch, der guten Kontakt zu Maria Friedinger hatte, die nach dem 1970 erfolgten Tod ihres Mannes allein den Dachgarten pflegte.[17] Sie war Absolventin der privaten Grinzinger Gartenbauschule, Malerin und Restauratorin. Sie teilte Posch in Gesprächen mit, wie mühsam die Pflege des Dachgartens vor und nach dem Ende des Zweiten Weltkrieges war, als die Wasserleitung zu wenig Druck hatte, der Aufzug wegen Stromausfällen meist unbenutzbar war und daher das nötige Giesswasser kübelweise aus dem Keller oder aus dem Feuerlöschteich im Arenbergpark getragen werden musste. In Anschluss an den Beitrag von Wilfried Posch schreibt Maria Friedinger persönlich in «Ein Dachgarten in Wien. Fünfzig Jahre Erfahrung mit einem Dachgarten»: «Ein Dachgarten in der Großstadt kann ein kleines Paradies sein, welches man nur ungern verläßt. Allgemein darf man den Pflanzen nichts Ungutes zumuten. Was aber für diese gut ist, muß man wissen, durch Experimentieren erfahren oder sich bei Sachkundigen Rat holen. Das Lebenselement der Pflanzen ist außer Erde und Sonne auch Schatten, vor allem aber Wasser. Damit ist man bei der Schwierigkeit angekommen. Auf Regen kann man sich keinesfalls verlassen, und eine kurze Zeit ohne Feuchtigkeit kann die Pflanze bereits schwer schädigen. Sie wachsen und entwickeln sich nicht wie wir wollen, wir müssen sie beachten und mit ihnen fühlen. Wohl kann man sie lenken, allerdings nicht gegen ihre Natur. Alles, was wir ihnen Gutes tun, danken sie uns reichlich! […] Der Grundriß bei der Anlage eines Dachgartens kann von wesentlicher Bedeutung für dessen Entwicklung und Schönheit werden. Die Wechselwirkung Mensch – Natur, sei es auch nur auf der kleinen Fläche eines Dachgartens, kann ein Quell der Entspannung und Erquickung sein, schon wegen der sauerstoffreicheren Luft und des ästhetischen Anblickes der Pflanzen. Außerdem kann man jederzeit zum Himmel aufschauen.» Maria Friedinger beobachtet das artenreiche Insekten- und Vogel-

Abb. 6: Dachgarten Friedinger um 1988, Foto von Roland Stifter.

leben auf und um den Dachgarten, das zu ihrem Kummer durch das Fällen einiger Gehölze im Innenhof wegen der Anlage eines asphaltierten Autoverkaufsplatzes stark abnahm.[18]

1988 veröffentlicht Roland Stifter in seinem Buch *Dachgärten. Grüne Inseln in der Stadt* einige Fotos aus jener Zeit und weist auf die notwendigen Pflegemassnahmen wie den jährlichen Gehölzrückschnitt und das tägliche, meist zweimalige Giessen wegen der dünnen Humusdecke hin (Abb. 6).[19] 1991, ein Jahr nach dem Tod von Maria Friedinger, gibt Roland Stifter in einem Bildessay zu Dachgärten ein Foto des Dachgartens Friedinger mit Bemerkungen von Frau Friedinger bei.[20]

Der das Haus besitzende Dichter, bildende Künstler und Musiker Dominik Steiger (1940–2014) übernahm nach dem Tod von Maria Friedinger deren Wohnung oberhalb seiner Wohnung.[21] Er verwendete hierauf Hinterlassenschaften aus der Wohnung von Frau Friedinger und Zeichnungen von Egon Karl Friedinger für Collagen, die er 1993 unter dem Titel «Marie Maridl Mariechen und ich» ausstellte.[22] Vor etwa zwanzig Jahren liess Steiger den Dachgarten wegen aufgetretener Bauschäden abtragen. Das einstige Wasserbecken besteht seit zumindest 1982 nicht mehr.[23] Wann der jetzt vorhandene durchgehende Plattenbelag der Dachterrasse erfolgte, ist nicht bekannt, er ist erstmals 2009 in einem Bauplan enthalten.[24] Anstelle der von Egon Karl Friedinger errichteten Brüstungsmauern wurde eine Abschrankung aus Metallrohren angebracht. Kübel- und Topfpflanzen begrünen die bestehende Dachterrasse.[25]

Résumé

D'année en année, les signes du changement climatique se multiplient. Il est urgent de prendre des mesures particulièrement dans les zones fortement urbanisées et à forte densité de population. Les toitures végétalisées visant à optimiser le microclimat figurent parmi ces mesures d'amélioration.

En 1931, à Vienne, l'architecte Egon Karl Friedinger avait créé pour sa femme Maria un jardin sur le toit de leur appartement et atelier. Cet exemple met en lumière le thème de l'aménagement des espaces disponibles.

Vorliegender Beitrag ist die überarbeitete Fassung des Vortrages anlässlich des von der Österreichischen Gesellschaft für historische Gärten am 21. und 22. 9. 2023 in Wien abgehaltenen Symposiums «Historische Freiräume unter Druck in Zeiten beschleunigten Wandels». Das Zitat im Titel des Beitrages stammt aus: E. Friedinger, wie Anm. 6, 1938, S. 60.

1 Loidl-Reisch, Cordula (1991). «Vom ‹Luxusartikel› zur städtebaulichen Notwendigkeit», in: *Perspektiven*, Sonderheft, ohne Nr. (Mai): «Irdische Paradiese. Dachgärten», S. 23 ff. Berger, Eva (2021). Vorwort, in: dies., Flachdach, Dachterrasse, Dachgarten. *Eine kleine Wiener Geschichte des Wohnens im Freien «zwischen Himmel und Erde»*, Wien/Köln/Weimar, S. 7.

2 Vgl. E. Berger, wie Anm. 1.

3 o. A. (1920). «Was der Steffl heute sieht. Der schiefe Turm. – Die Schrebergärten auf den Dächern. – Sommerfrischenersatz. – Die Bummerin», in: *Neues Wiener Tagblatt*, 7. August, S. 7. Den Hinweis auf diesen Artikel fand ich in: Posch, Wilfried (1982). «Vom Wiener Hausgarten zum Dachgarten am Beispiel der Familien Engelhart und Fridinger», in: *Bauforum*, 15. Jg., 91. Heft, S. 9 ff., dazu S. 10 f.; Posch listet beinahe vollständig die Veröffentlichungen über den Dachgarten auf (Anm. 8, S. 14).

4 3. Bezirk, Dannebergplatz 11; ehem. Arenbergring 11. Hajós, Géza, Vancsa, Eckart, Steiner, Ulrike (Bearb.) (1980). *Die Kunstdenkmäler Wiens: Die Profanbauten des 3., 4. und 5. Bezirkes (Österreichische Kunsttopographie, 44. Bd.)*, Wien, S. 29 ff. Achleitner, Friedrich (1995). *Österreichische Architektur im 20. Jahrhundert. Ein Führer in vier Bänden*, Bd. III/2, Wien, 13.–18. Bezirk, Salzburg/Wien, S. 123; zum 1900 eröffneten, umgestalteten Arenbergpark: o. A. (1900). «Ein Wald-Idyll in der Großstadt (Der Arenbergpark)», in: *Neues Wiener Tagblatt*, Abend-Ausgabe, 10. August, S. 2 f.; Stadt Wien, Magistratsabt. 37-Baupolizei, Bauakt, EZ 3293/ III.; zum Dachgarten Friedinger: E. Berger, wie Anm. 1, S. 82 ff.

5 Zur Schreibweise des Familiennamens Friedinger: Er selbst nennt sich in seinen Beiträgen und Plänen Fridinger. Zum Entstehungsjahr des Dachgartens: Fridinger, Egon (1934). «Mehr Dachgärten der Großstadt! Ein bewährter Versuch», in: *Die Kunst*, 70. Bd., 35. Jg., 2. Teil: Angewandte Kunst, 1. Heft, S. 12 ff., dazu S. 13; ebenso in: *Die Kunst*, Jg. 1933, Beilage «Das schöne Heim», 1. Heft, Okt. 1933, S. 12 ff.; Stadt Wien, Magistratsabt. 37-Baupolizei, Bauakt, EZ 3293/ III, Plan 6/ 2 (Plangenehmigung 11.11.1930). Zur Biografie: Weihsmann, Helmut (2005). *In Wien erbaut. Lexikon der Wiener Architekten des 20. Jahrhunderts*, Wien, S. 107.

6 Beiträge wie Anm. 4; weitere Beiträge Friedingers: Fridinger, E. (1933). «Ein wohnlicher Dachgarten in Wien», in: *Der Baumeister*, 31. Jg., 6. Heft, S. 217 ff; Fridinger, E. (1933). «Atelier und Dachgarten eines Herrn», in: *Profil*, 1. Jg., S. 104 f.; Fridinger, E. (1938). «Gartenschönheit in luftiger Höhe. Ein Wohngarten auf

dem Dach eines Mietwohnhauses», in: *Gartenschönheit*, 19. Jg., Februarheft, S. 57 ff. Der Nachlass von E. Friedinger befindet sich im Wien Museum, ich danke Dr. Andreas Nierhaus für die Bereitstellung der Unterlagen zum Dachgarten (Inv. Nr. 300749/ 5 – 300749/ 44 (Federzeichnungen [Grundriss, zwei Schnitte und Perspektiven, 1 : 200] und Fotos). Fast alle dieser Unterlagen wurden von E. Friedinger veröffentlicht. Im Nachlass befinden sich weder Pläne noch Fotos von anderen geplanten Dachgärten.

7   o. A. (1932). «Modern Gardens and Terraces», in: *Architectural Review*, Novemberheft, S. 212. Ein weiterer Beitrag erschien in England: o. A. (1934). «Making a Roof Garden», in: *The Ideal Home*, Nr. IV, Oktober, S. 277 f. In Jugoslawien erschien: o. A. (1934). «Terasni vrt na Dunju (Un jardin au toit à Vienne)», in: *Arhitektura*, 4. Jg., 1. Heft, S. 12.

8   Poor Lima, Rose (1934). «Warum hat Wien so wenig Dachgärten? Gespräch mit dem Architekten Egon Fridinger», in: *Neues Wiener Journal*, Nr. 146623, 7. August, S. 6.

9   E. Fridinger, wie Anm. 5, 1933, S. 24.

10 E. Fridinger, wie Anm. 6, 1933 (*Profil*), S. 104 f., Zitat S. 105.

11 o. A. («Roderich», Vorname nicht angegeben) (1936). «Dachgartenidylle. Problem der Großstadt», in: *Wiener Neueste Nachrichten*, 8. Oktober, S. 4.

12 E. Fridinger, wie Anm. 6, 1938, Zitat S. 57 f.

13 Mayreder, Friedrich (1932). «Ein Dachgarten», in: *Das schöne Heim*, 4. Heft, S. 134 f. (mit zwei Fotos, die die ursprünglichen Brüstungen zeigen; Poor Lima, Rose (1934). «Warum hat Wien so wenig Dachgärten? Gespräch mit dem Architekten Egon Fridinger», in: *Neues Wiener Journal*, Nr. 14628, 7. August, S. 6; o. A. («Roderich»), wie Anm. 11; Mayreder, Friedrich (1938). «Dachgärten», in: *Neues Wiener Tagblatt*, 13. Juli, S. 19.

14 Harbers, Guido (1937). *Der Wohngarten*, München (2. Aufl.), S. 107 ff.; die ersten Zeilen dieses Textes sind von Friedrich Mayreder (wie Anm. 13, 1932) übernommen, ohne ihn zu zitieren; Zitat S. 108. *Der Wohngarten* ist insgesamt in vier Auflagen 1933, 1937, 1952 und 1955 veröffentlicht worden.

15 Hoffmann, Herbert (Hg.) (1939). *Garten und Haus. Die schönsten deutschen und ausländischen Wohngärten und ihre Einbauten*, Stuttgart (1. Aufl.), Zitat S. 59, Stuttgart 1941 (2. Aufl.), S. 59; in der dritten Auflage (Stuttgart 1951) ist der Dachgarten Friedinger nicht mehr enthalten.

16 E. Fridinger, wie Anm. 6, 1938, Zitat S. 58 f.

17 W. Posch, wie Anm. 3, S. 13 f.

18 Friedinger, Maria (1982). «Ein Dachgarten in Wien. Fünfzig Jahre Erfahrung mit einem Dachgarten», in: *Bauforum*, 15. Jg., 91. Heft, S. 14 f., Zitate S. 14.

19 Stifter, Roland (1988). *Dachgärten. Grüne Inseln in der Stadt*, Stuttgart, Abbildungen S. 92 f., Text S. 157 f.

20 Stifter, Roland (1991). «Grünes Paradies über den Dächern. Bild-Essay», in: *Perspektiven*, Sonderheft, ohne Nr. (Mai), «Irdische Paradiese. Dachgärten», S. 36 ff. In seinem Beitrag geht Bernd Lötsch auch auf den Dachgarten ein: Lötsch, Bernd (1983). «Gärten über den Giebeln», in: *Natur. Horst Sterns Umweltmagazin*, Februarheft, S. 74 ff., dazu S. 79.

21 Telefonische Auskünfte erhielt ich am 19. 8. 2013 von Dominik Steiger (verstorben 12.1.2014).

22 Wipplinger, Hans Peter (Hg.) (2014). *Dominik Steiger. Retrospektive*, Kunsthalle Krems, Ausstellungskatalog Krems 2014, S. 288.

23 W. Posch, wie Anm. 3, S. 13.

24 Stadt Wien, Magistratsabt. 37-Baupolizei, Bauakt EZ 3293/ III, Dachbodenumbau, 19.11.2009.

25 Ich danke der Witwe von Dominik Steiger, Frau Renate Ganser, für die Ermöglichung der Besichtigung der Dachterrasse.

Abb. 1: Das schöne Heim, Jg. 1933, 1. Heft (Oktober), S. 12
Abb. 2: Das schöne Heim, Jg. 1933, 1. Heft (Oktober), S. 12
Abb. 3: Der Baumeister, Jg. 1933, 6. Heft, S. 218
Abb. 4: Der Baumeister, Jg. 1933, 6. Heft, S. 218
Abb. 5: Die Gartenschönheit, 19. Jg., 1938, Februarheft, S. 57
Abb. 6: R. Stifter, Dachgärten. Grüne Inseln in der Stadt, Stuttgart 1988, S. 92

Klimawandel in historischen Gärten
Anpassungsmassnahmen in den staatlichen Gärten Sachsens

CLAUDIUS WECKE

Die Gärten der Staatlichen Schlösser, Burgen und Gärten Sachsen (SBG) vereinen eine über 300 Jahre währende, facettenreiche Gartengeschichte. Sie erzählt von einflussreichen Herrschern mit königlichem Anspruch, von Macht- und Prachtentfaltung und von höchstem Kunstverständnis versierter Hofgärtner und Architekten. Sie erzählt aber auch von kriegerischen Auseinandersetzungen, von Zerstörung, Bedrohung, Überformung und Veränderung. Seit ihrer Entstehung bis heute sind die Gärten dieser Dynamik ausgesetzt.[1] Während früher Kanonenschläge, Bomben oder ein verändertes Nutzungsverständnis die Gärten bedrohten, so stellt seit den 2000er-Jahren zunehmend der Klimawandel ihre Existenz infrage. Dieser macht auch vor den sächsischen Gärten nicht Halt und ist inzwischen zum bestimmenden Thema des gärtnerischen Handelns geworden.

Von den klimatischen Veränderungen besonders stark betroffen sind die Gehölze. Dieser Umstand stimmt sorgenvoll – prägen Gehölze doch das Bild der historischen Gartenanlagen, rahmen Sichten, gliedern Räume und sind damit die gestalterischen Hauptstrukturgeber. Nach den klimatisch extremen Jahren seit 2018 mit milden und niederschlagsarmen Wintern, Stürmen und vor allem den langen sommerlichen Dürre- und Hitzeperioden – zuletzt vom Frühjahr bis zum Spätsommer 2022 – haben die Gehölzbestände der sächsischen Anlagen spürbare Schäden erlitten. Diese zeigen sich in sichtbaren Vitalitätsverlusten, Verbrennungsschäden, vermehrter Ausbreitung von Krankheitserregern bis hin zum vorzeitigen Absterben von Bäumen. Infolgedessen verändert sich aktuell in zahlreichen Partien das gewohnte, historische Bild mit grosser Geschwindigkeit (Abb. 1 und 2).

Die seit dem Jahr 2019 für knapp 27 000 Bäume aufgenommenen Baumdaten offenbaren die Auswirkungen des Klimawandels schwarz auf weiss. Die Daten werden kontinuierlich durch den Bereich Gärten der SBG und externe Dienstleister im Zuge fortlaufender Baumkontrollen erfasst.[2]

In den betrachteten Gärten zeigt sich demnach, dass die baumpflegerischen Massnahmen – etwa Baumfällungen, Totholzentfernungen oder Baumgutachten – in den Jahren 2019 bis 2023 kontinuierlich zugenommen haben. Musste beispielsweise 2019 noch die bisher vergleichsweise übliche Anzahl von neun Bäumen gefällt werden, waren es 2020 bereits 155, ein Jahr später 185 Exemplare und im Jahr 2022 sogar 305 Bäume. 2023 lag der Wert bei 390. In den Gärten der SBG führt diese Entwicklung zu einem sprunghaft gestiegenen Bedarf an Baumpflege und somit zu zusätzlichem personellen und finanziellen Aufwand.

Besonders betroffen ist der Große Garten in Dresden, der durch seine innerstädtische Lage und die starke Nutzung zusätzlich belastet ist (Abb. 2). Einige Bereiche der Anlage mussten im August 2022 sogar zwischenzeitlich abgesperrt werden, um dem umfassenden Baumpflegebedarf nachkommen zu können. Die Hitze führte zudem

Abb. 1: Sommertrockenheit 2022 – ein abgestorbener, nachgepflanzter Baum inmitten verdorrter Wiesenflächen im Großen Garten Dresden.

dazu, dass zahlreiche Wasserläufe des Großen Gartens austrockneten, mit massiven Auswirkungen für das Leben in und am Wasser. Der Große Garten Dresden und die sächsischen Gärten sind dabei ein Spiegel der Situation deutscher Gärten allgemein: Allerorts klagen Zuständige seit 2018 über den Klimawandel mit Hitzewellen, extremer Trockenheit oder ausgetrockneten Böden.[3]

Bisherige Massnahmen

Mit einem vielfältigen Massnahmenpaket will die SBG die Gartendenkmale erhalten und drohenden Verlusten entgegenwirken. Zu den Sofortmassnahmen zählen das zusätzliche Bewässern von Jungbäumen und wertvollen Altbäumen in allen 18 Gärten sowie die Anschaffung zusätzlicher Bewässerungstanks. Ausserdem wurden in den vergangenen Jahren Wurzelraumbelüftungen an ausgewählten, von Bodenverdichtung betroffenen Solitärbäumen durchgeführt. Dadurch wird das Porenverhältnis optimiert sowie die Wasserhaltefähigkeit, der Wasser- und Nährstofftransport und der Sauerstoffgehalt im Boden verbessert.

Die klimatischen Veränderungen haben u. a. auch den Befall von Solitärbäumen mit Riesenporling begünstigt, wie an der wasserseitigen Blutbuche im Pillnitzer Lustgarten. Deshalb wurden an diesen Bäumen mehrfach Wurzelbehandlungen mit stärkenden Trichoderma-Pilzen mit guten Ergebnissen durchgeführt (Abb. 3).[4]

Abb. 2: Ein Problem auch für die Verkehrssicherheit – kürzlich abgestorbene Bäume im Gehölzbestand des Großen Gartens (rote Kreise).

Seit letztem Sommer wird zudem Langgras im Wurzelraumbereich von Bäumen länger stehengelassen und nicht kurz geschnitten, um die Wurzeln durch die beschattende Wirkung der Gräser vor zusätzlicher Hitze und den Boden vor zusätzlicher Austrocknung zu schützen.

Ein Förderprogramm für Gartendenkmale

Seit Januar 2022 nimmt der Bereich Gärten der SBG am bundesgeförderten Programm «Klimawandel in historischen Gärten» teil und wird bis Ende 2024 mit 3,3 Millionen Euro bezuschusst.[5] Ziel des Projekts ist es, am Beispiel der beiden Referenz-Gartendenkmale Großer Garten Dresden und Schlosspark Pillnitz, das vorhandene gärtnerische Erfahrungswissen durch weiterführende Untersuchungen und Massnahmen zu erweitern. Die Planung und Realisierung von Massnahmen erfolgt in Projektpartnerschaft mit der Technischen Universität Dresden, der Brandenburgischen Technischen Universität Cottbus-Senftenberg und dem Barkhausen-Institut.

Ausserdem setzt der Bereich Gärten der SBG zur Evaluierung der geplanten Interventionen auf die Vernetzung mit Partnern auf nationaler und internationaler Ebene. Hervorgehoben werden soll dabei der enge Austausch innerhalb der Arbeitsgemeinschaft Deutscher Schlösserverwaltungen, der wiederum durch das gemeinsame Projekt «Handlungsstrategien zur Klimaanpassung. Erfahrungswissen der staatlichen Gartenverwaltungen» unterstützt wird.[6] Dieses Projekt wird durch die Deutsche

Abb. 3: Trichodermabehandlung an der wasserseitigen Blutbuche im Pillnitzer Lustgarten. Um den Antagonisten einzubringen, wurde der Wurzelraum vorsichtig mit Druckluftlanzen und Erdstoffsaugern freigelegt.

Bundesstiftung Umwelt gefördert. Es hat das Ziel, altbewährtes Gärtnerwissen, seit Kurzem angewandte Strategien und langfristige Massnahmen zusammenzutragen und der breiten Öffentlichkeit in aufbereiteter Form zur Verfügung zu stellen. Zudem erfolgt ein aktiver Austausch im Initiativbündnis «Klimawandel in historischen Gärten» der Deutschen Gesellschaft für Gartenkunst und Landschaftskultur.[7]

Ein fünfköpfiges Projektteam aus den Fachdisziplinen Landschaftsarchitektur und Gartendenkmalpflege, Forstwissenschaften, Baumsachverständigentätigkeit, kulturelle Bildung und Kommunikation bearbeitet das Klimawandelprojekt der SBG.[8] Das Projekt besteht aus den drei Modulen Boden-Wasser-Baum, Robotik und Kommunikation, die hier näher vorgestellt werden.

Modul Boden-Wasser-Baum

Herzstück des Projektes ist ein vielfältiges Massnahmenprogramm für das Beziehungsgefüge «Boden–Wasser–Baum». Das Modul dient insbesondere der Standortverbesserung und der Steigerung der Resilienz der Parkgehölze.

Dafür wurden in Kooperation mit dem Institut für Bodenkunde und Standortslehre der Technischen Universität Dresden zunächst Blatt-, Nadel- und Bodenproben gesammelt. Die Bodenproben wurden gezielt über die gesamten Gartenräume verteilt und bis in eine Tiefe von 80 cm (Abb. 4) an mehreren unterschiedlichen Standorten im Großen Garten sowie im Schlosspark Pillnitz entnommen. Dabei wurden beispielsweise auch besonders verdichtete

Abb. 4: Bodenprobe mittels Zylinderbohrer im Schlosspark Pillnitz.

Abb. 5: Anfallendes Restholz nach Baumpflegearbeiten im Großen Garten in Dresden soll für die Herstellung von Pflanzenkohle für den Eigenbedarf der Gärten genutzt werden.

oder wenig versickerungsfähige Standorte beprobt. Im Ergebnis konnten pH-Werte, das C/N-Verhältnis sowie die Lagerungsdichten und Ionengehalte ermittelt werden. Ergänzende Bodenprofile lieferten Informationen zur Durchwurzelungstiefe, der Durchwurzelungsintensität, zum Humusgehalt und der Porengrössenverteilung. In Verbindung mit vorgängig durchgeführten Blatt- und Nadelproben können auf diese Weise Antworten auf den Ernährungszustand der Gehölze gewonnen werden.

An einigen Entnahmestellen der Bodenproben werden fortlaufend Bodenfeuchtemessungen mittels TDR-Sonden vorgenommen. Nach Auswertung des Standorts (Probenanalyse) und der Feuchtemessungen sind detaillierte Aussagen zum Bodenwasserhaushalt am jeweiligen Standort möglich.

Anhand der Analysen der aufgeführten Proben sollen Möglichkeiten zur Bodenverbesserung und zur Verbesserung der Wasserhaltefähigkeit in den Gartenanlagen abgeleitet werden. Diese reichen vom Einsatz organischer Komponenten wie Kompost, Hornspäne oder Schafwolle, über mineralische Komponenten wie Blähton, Blähschiefer oder Lehm, und der Mulchung mit anfallendem organischem Material bis hin zu Trichodermabehandlungen, Bodeninjektionen mit Langzeitdünger, strukturverbessernden Substraten und Wurzelraumbelüftungen.

Eine Hauptrolle soll zukünftig zudem Pflanzenkohle spielen, die für den jährlichen Eigenbedarf der SBG-Gärten von voraussichtlich 12 Tonnen durch eine eigene, bundesgeförderte Pyrolyseanlage künftig im Großen Garten selbst hergestellt werden wird. Die Anlage wird mit garteneigenen organischen Materialien, insbesondere mit gehäckselten Resthölzern aus der Baumpflege, beschickt werden und soll dem Austrag wertvoller organischer Substanz entgegenwirken (Abb. 5). Neben der Möglichkeit, Stoffkreisläufe zu schliessen, bietet Pflanzenkohle weitere enorme Potenziale. Sie aktiviert das Bodenleben, verbessert die Wasserhaltefähigkeit und lagert langfristig CO_2 ein. Entscheidungsgrundlage für diese Investition bildete die an der Brandenburgischen Technischen Universität Cottbus-Senftenberg erarbeitete «Bemessungs- und Machbarkeitsbetrachtung einer Pyrolyseanlage im Großen

Garten Dresden».[9] Die beim Pyrolysevorgang entstehende Abwärme soll für die Energieversorgung von Betriebsgebäuden des Großen Gartens genutzt werden.

Der Klimawandel ruft uns die Bedeutung von Wasser als wertvolle Ressource wieder in Erinnerung. Es ist absehbar, dass sich nutzbares Süsswasser in Zukunft weiter verknappen wird. Aus diesem Grund plant der Bereich Gärten der SBG umfassende Massnahmen im Bereich des Wassermanagements. Dazu zählen Grundlagenerfassungen, wie die Übersicht bestehender Wasserrechte oder Grundwassermessungen und deren Abgleich mit früheren Datensätzen, Ertüchtigungen der bestehenden Wasserinfrastruktur, wie Brunnen und Rohrleitungen oder die Installation von Wasserzählern an allen Entnahmestellen mit einem Monitoring der entnommenen Mengen. Aus diesen Daten soll die Optimierung des Giesswassereinsatzes abgeleitet werden. Hierbei können zum Beispiel mehr Tröpfchenbewässerungen, zusätzlich eingebaute automatische Bewässerungsanlagen, zusätzliche Wassersäcke oder Giessringe und die optimale Anpassung an die Tageszeit für die Bewässerung (nachts oder morgens) vorgesehen werden. Das Thema Wasser wird darüber hinaus Schwerpunkt eines geplanten Folgeprojektes werden. Sein Ziel wird es sein, Wassermanagementpläne vor dem Hintergrund von Wasserbedarf und -güte zu erstellen sowie Baumassnahmen zur Rückhaltung von Regenwasser zu realisieren, beispielsweise durch den Bau von Zisternen oder Baumrigolen. Dabei soll in universitärer Zusammenarbeit die «Schwammstadt»-Thematik für historische Gärten neu gedacht und geprüft werden, ob und in welcher Form ein «Schwammgarten» möglich ist.

Modul Robotik

Klimawandel im Garten bedeutet mehr Arbeit auf vielen Ebenen. Daher entstand die Idee, die Gärtnerinnen und Gärtner bei schweren körperlichen oder zeitintensiven Arbeiten durch innovative technische Lösungen zu entlasten. In einer Projektkooperation mit dem Barkhausen-Institut und der Professur für Technisches Design der TU-Dresden wurde die Entwicklung eines halbautonomen Giessroboters forciert, der als Prototyp bis Mitte 2024 realisiert werden wird. Dabei handelt es sich um einen mobilen Wassertank, der durch autonomes Befüllen und autonome Wegefindung zu gesetzten Wegpunkten bei gleichzeitiger manueller Steuerung der Bewässerung die gärtnerischen Bewässerungsarbeiten unterstützen soll (Abb. 6).

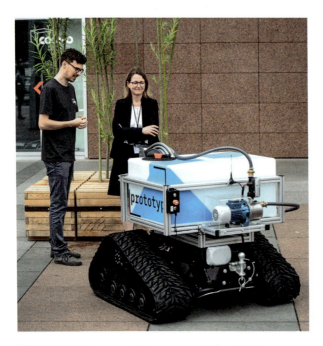

Abb. 6: Bis Mitte 2024 wird zusammen mit dem Barkhausen-Institut und der TU Dresden der Prototyp eines Giessroboters entwickelt.

Modul Kommunikation

Die Öffentlichkeitsarbeit im SBG-Projekt «Klimawandel in historischen Gärten» beinhaltet ausser einer eigenen Internetpräsenz (wissen.schloesserland-sachsen.de, Stichwort «Gärten & Klimawandel») und vielfältigen Blog-Beiträgen auch eine Wanderausstellung sowie Veranstaltungen an vom Klimawandel betroffenen Orten. Partizipative Angebote sind Teil davon, beispielsweise Baumpflanzungen mit Schüler- und Jugendgruppen oder die Durchführung

Abb. 7: Im Oktober 2023 haben 90 Teilnehmer des Parkseminars im Großen Garten Dresden einen praktischen Beitrag zur Entwicklung des Gartendenkmals gelegt. Flächen mit Spitzahorn wurden gerodet, um die Naturverjüngung anderer Arten zu ermöglichen. Ausserdem wurde eine historische Sichtbeziehung wiederhergestellt.

bürgerschaftlicher Parkseminare (Abb. 7).[10] Der Einfluss des Klimawandels wurde im Herbst 2022 zudem durch die künstlerische Bearbeitung eines stattlichen Buchentorsos im Schlosspark Pillnitz sichtbar gemacht. Der infolge der vergangenen Trockensommer abgestorbene Baum wurde dabei als vergängliches Erinnerungsobjekt des Klimawandels gestaltet, bevor in ca. sieben bis zehn Jahren ein genetisch identischer Nachkomme der verstorbenen Buche an gleicher Stelle gepflanzt werden wird.

Die nächste Gehölzgeneration

Aus ökologischer wie aus gartendenkmalpflegerischer Sicht stellen die aktuell zahlreich absterbenden Altbäume kaum kompensierbare Verluste dar. Bis neue Baumgenerationen die Funktionen ihrer ausgewachsenen Vorgänger erfüllen können, vergehen Jahrzehnte, gar Jahrhunderte. Deshalb kommt dem Baumersatz in den Gartendenkmalen der Staatlichen Schlösser, Burgen und Gärten Sachsen in den kommenden Jahren und Jahrzehnten eine herausgehobene Bedeutung zu. Dabei ist die Nachpflanzung von Gehölzen selbst an viele Einzelfallentscheidungen gebunden, abhängig von ausreichend Lichtraum, möglichem Wurzeldruck durch benachbarte Gehölze, Wasserverfügbarkeit am Standort oder dem Einfluss von Wild und Vandalismus. Besonders in geschlossenen Gehölzbeständen ist das Nachpflanzen problematisch – ein Umstand, dem durch gezielte Förderung von Naturverjüngung begegnet werden soll. Dabei werden gewünschte Zielarten, wie insbesondere Stieleiche, Hainbuche oder auch Rotbuche, selektiert und gefördert. Zeitgleich werden sich aggressiv vermehrende Arten wie besonders der Spitzahorn zurückgedrängt.[11] Der gesamte Gartenraum ist auf diese Weise als Gehölzanzucht- und Baumschulfläche zu verstehen, aus der sich die Bestände zu einem überwiegenden Masse aus sich selbst heraus regenerieren und erneuern sollen. Eine wichtige Grundlage für die Nachpflanzung bildet zudem eine gartendenkmalpflegerische Zielplanung einschliesslich eines Gehölzkonzeptes für den Großen Garten Dresden, die aktuell im Auftrag des Bereichs Gärten der SBG aus Mitteln des Bundes erstellt wird.

Die benötigten Gehölze für die SBG-Gärten sind in den erforderlichen Qualitäten und Stückzahlen bisweilen

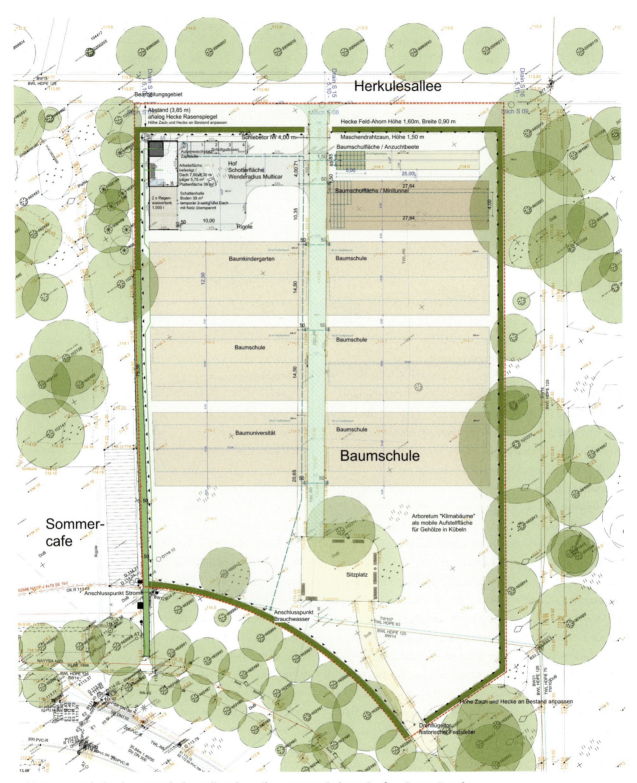

Abb. 8: Entwurfsplan der in Wiederherstellung begriffenen Baumschule im Großen Garten Dresden.

schwer zu beziehen und dabei immer teurer in der Anschaffung. Zudem besteht die Gefahr des Eintrags von Krankheitserregern. Deshalb ist die Entscheidung für die sächsischen Gärten gefallen, selbst resiliente standortangepasste Gehölze anzuziehen. Dies umfasst sowohl einheimische als auch nicht einheimische Arten. Auch werden dabei parkeigene Gehölze mit besonderen genetischen Eigenschaften oder besonderer Bedeutung für die Gärten vegetativ vermehrt und Versuche mit klimagerechten Ersatzbaumarten vorgenommen.[12] Deshalb werden bis Ende 2024 Baumschul- und Gehölzanzuchtflächen angelegt werden, und zwar im Großen Garten Dresden auf der historischen Baumschulfläche nördlich des Palaisteichs auf ca. 5500 m² (Abb. 8), am Schlosspark Pillnitz im Gärtnereigelände nahe der Weinbergkirche auf ca. 1000 m² und im Schlosspark Moritzburg in der Schlossgärtnerei auf ca. 500 m² Fläche. Der eigenständige Weg der Gehölzvermehrung knüpft dabei an eigene historische Traditionen an und wird derzeit auch in zahlreichen bundesdeutschen Parkanlagen erfolgreich beschritten, beispielsweise in Branitz, Schwetzingen, Bad Muskau oder Potsdam-Sanssouci.[13] Zunächst konzentrieren sich die Baumschularbeiten auf die Vermehrung von Stiel-Eichen, Winter-Linden, Blut-Buchen, Rosskastanien, sowie Fliederhochstämmen.

Bei den vor Ort angezogenen Gehölzen wird insbesondere eine bessere Anpassungsfähigkeit erwartet. Zukünftig soll auch möglichst wurzelnackt und wurzelecht in kleineren Qualitäten gepflanzt werden. Dadurch können Pfahlwurzeln unbeschädigt erhalten werden, die für das Vordringen der Wurzeln in tiefere wasserversorgte Bodenschichten von Bedeutung sind. Auch wird dadurch das schnellere Wachstum junger Wurzeln besser ausgenutzt. Da klein gepflanzte Gehölze besonders in öffentlichen Anlagen eher von Vandalismus betroffen sind sowie generell unter Wildverbiss leiden, werden diese mit einer Einhausung aus einem stabilen Dreibock und einer Drahteinfassung versehen. Dies soll auch die Akzeptanz und Wertschätzung der Jungbäume durch das Publikum erhöhen.

Die strategische Reihenfolge des Vorgehens bei der Nachpflanzung lässt sich abschließend wie folgt zusammenfassen. Zuerst sollen die genetische Vielfalt und Anpassungsfähigkeit der originalen Gehölzarten ausgeschöpft und durch Selektion Nachkommen aus eigenen Beständen gewonnen werden. Ist dies nicht erfolgreich, soll in einem zweiten Schritt mit Gehölz- und Saatgutherkünften aus vergleichbaren Klimaregionen gearbeitet werden, wobei der Kaukasus, der Balkanraum und insbesondere Bulgarien dabei im Fokus stehen. Erst wenn auch dies keinen Erfolg verspricht, wird bei SBG auf neue «klimaresiliente Arten» als letzte Möglichkeit bei Nachpflanzungen umgeschwenkt werden. Alle drei Vorgehensweisen werden parallel zueinander vorbereitet.

Der Blick in die Geschichtsbücher offenbart, dass jede Gärtnergeneration auf ihre Art mit verschiedensten Herausforderungen zu kämpfen hatte. Die heutige Generation muss sich in besonderer Weise den Herausforderungen des Klimawandels stellen. Es ist zu hoffen, dass die dafür begonnenen vielfältigen Anstrengungen erfolgreich sein werden und die historischen Gärten als bedeutende Zeugnisse der Kunst und Kultur und als wertvolle Refugien für Flora und Fauna einer gesicherten Zukunft entgegenwachsen.

Résumé

Le changement climatique est devenu un thème pressant concernant les jardins historiques en Saxe SBG (Staatliche Schlösser, Burgen und Gärten Sachsen gGmbH). Les données enregistrées montrent que près de 27 000 arbres font état d'une perte brutale de vitalité. Depuis 2019, les mesures d'entretien et de soin des arbres, y compris d'abattages, ont fortement augmenté.

Afin de pallier d'autres pertes imminentes, la SBG a lancé un ensemble de mesures avec le soutien de l'université. Parmi ces mesures, le projet phare «Changement climatique dans les jardins historiques» est soutenu par des fonds fédéraux. Il consiste en la réalisation de ses propres pépinières, de recherches sur l'aménagement des arbres et bosquets du parc, organiser un cycle circulaire des matières grâce à la production autonome du charbon végétal, le développement d'un prototype de robot arroseur semi-autonome. Une partie du projet comprend également un volet de promotion et d'information auprès du public sur les problématiques et les solutions possibles.

Dieser Artikel ist eine aktualisierte und erweiterte Fassung des Beitrags Wecke, Claudius (2023).

1   Staatliche Schlösser, Burgen und Gärten (Hrsg.) (2006). *Sachsen Grün. Historische Gärten und Parks*, Berlin.
2   Für die zehn grössten der insgesamt 18 Gärten erfolgt die Erfassung im digitalen Grünflächeninformationssystem «pit-Kommunal», das die Grundlage der nachfolgenden Auswertung bildet.
3   Kühn, Norbert, Wörner, Andreas (2023), S. 3.
4   Weiß, Weber (2012).
5   Der Eigenanteil beträgt 10 Prozent. Das bis Ende 2024 laufende SBG-Projekt mit der Bezeichnung «Klimawandel in historischen Gärten. Auswirkungen, Handlungsfelder, Maßnahmen» entstammt dem Bundesprogramm «Anpassung urbaner Räume an den Klimawandel». Antragsbearbeiter seitens der SBG waren Dipl.-Ing. Tilman Gebhardt und Antje Borrmann M. A.
6   https://www.dbu.de/projektdatenbank/37874-01/, Aufruf vom 04.12.2023. Projektnummer 37874/01.
7   https://gaertenimklimawandel.de/, Aufruf vom 04.12.2023.
8   Das seit Mai 2022 vollständig besetzte Projektteam besteht aus Claudia Kamensky (Projektkoordinatorin, in Teilzeit), Jan Weber (Leiter Modul Boden-Wasser-Baum, in Vollzeit), Silke Epple (Modul Boden-Wasser-Baum, in Teilzeit) und Eva Gruhl (Projektkommunikation, in Teilzeit). Projektleiter ist der Leiter des Bereichs Gärten/SBG, Dr. Claudius Wecke. Die Lenkungsgruppe des Projektes besteht aus Dr. Christian Striefler (Geschäftsführer SBG gGmbH), Silvia Starke (Prokuristin SBG gGmbH) und Dr. Claudius Wecke. Jan Weber sei an dieser Stelle herzlich für seine Unterstützung für diesen Beitrag gedankt.
9   Rettich, Zundel (2022).
10 Schröder. Wecke (2013).
11 Schubert, Roloff (2022).
12 Wecke, Weber (2014).
13 Wecke (2014) und Wecke, Haase (2021).

Abb. 1 und 2: Agentur VOLL (2022), Dresden
Abb. 3: Jan Weber (2021), Dresden
Abb. 4: SBG/Jan Weber (2022), Dresden
Abb. 5: SBG/Claudius Wecke (2022), Dresden
Abb. 6: Barkhausen-Institut (2023), Dresden
Abb. 7: SBG/Claudius Wecke (2023), Dresden
Abb. 8: Freiraumplanung mit System. LandschaftsArchitekten GbR/ Gudrun Irrgang, Dresden

Literatur

Kühn, Norbert, Wörner, Andreas (2023). «Parkschadensbericht – erste Erkenntnisse zum Zustand der Bäume in historischen Gärten», in: *Pro Baum – Zeitschrift für Pflanzung, Pflege und Erhaltung*, Heft 3, Berlin, S. 2–7.

Rettich, Julia, Zundel, Stefan (2022). *Bemessungs- und Machbarkeitsbetrachtung einer Pyrolyseanlage im Großen Garten Dresden*, Unveröffentlichter Endbericht, Brandenburgische Technische Universität Cottbus-Senftenberg, Cottbus.

Schröder, Rudolf, Wecke, Claudius (2013). *Das Parkseminar – Gartendenkmalpflege und Naturschutz durch bürgerschaftliches Engagement,* Cottbus/Dresden.

Schubert, Tom, Roloff, Andreas (2022). «Potenziale des natürlichen Verjüngungsprozesses für den Erhalt resilienter Parkwälder», in: *Dresdner Stadtbaumtage*, Dresden, S. 134–150.

Staatliche Schlösser, Burgen und Gärten (Hrsg.) 2006. *Sachsen Grün. Historische Gärten und Parks*, Berlin.

Wecke, Claudius, Weber, Karola (Hrsg.) (2014). *Wiedergeburt von Baumgiganten. Vermehrung wertvoller Gehölze als Instrument der Gartendenkmalpflege und des Naturschutzes*, Edition Branitz 10, Berlin.

Wecke, Claudius (2014). «Die Baumuniversität im Fürst-Pückler-Park Branitz – Vom historischen Großgehölzeinschlag zur heutigen Gehölzvermehrungsfläche», in: Wecke, C., Weber, K. (Hrsg.) (2014). *Wiedergeburt von Baumgiganten. Vermehrung wertvoller Gehölze als Instrument der Gartendenkmalpflege und des Naturschutzes*, Edition Branitz 10, Berlin, S. 145–161.

Wecke, Claudius (2023). «Auswirkungen und Handlungsstrategien zur Bewältigung des Klimawandels in den historischen Gärten der Staatlichen Schlösser, Burgen und Gärten Sachsen gGmbH», in: Roloff, A., Thiel, D. & Weiß, H. (Hrsg.). *Fragen der Baumpflege und -verwendung, Denkmal-/Naturschutz, Alleen und alte Baumarten*, Tagungsband Dresdner StadtBaumtage in Dresden 9./10. März 2023, Beih. 24 Forstwiss. Beiträge Tharandt / Contrib. for Sc., Dendro-Institut Tharandt, Tharandt, S. 17–31.

Wecke, Claudius, Haase, Christoph (2021). «Die Baumuniversität im Branitzer Park. Gartendenkmalgerechte Gehölzvermehrung in Zeiten des Klimawandels», in: Deutsche Gesellschaft für Gartenkunst und Landschaftskultur (DGGL) e.V., *Gärten im Klimawandel*, DGGL-Themenbuch, München, S. 78–85.

Weiß, Henrik, Weber, Jan (2012). «Rettungsversuch eines Champions», in: *Taspo-Baumzeitung* 04, S. 20–24.

Kenntnis und Fürsorge
Motivation für die Beschäftigung mit alten Gärten[1]

BRIGITT SIGEL UND BRIGITTE FREI-HEITZ

Die Kenntnis

Listen, wozu?
Nach dem Pyrenäenfrieden von 1659 wurde die Kompanie Besenval aus dem Dienst in der französischen Armee entlassen. Johann Viktor Besenval (1649–1713) und drei weitere Solothurner beschlossen deshalb, die Zeit, bis wieder Krieg geführt würde, für eine zweijährige Grand Tour durch Europa zu nutzen, die sie in einem ausführlichen Reisejournal dokumentierten (1661–1662). Am 13. Juni 1661 erreichten sie die niederländische Stadt Leiden, wo sie auch den *Hortus Botanicus* der Universität besuchten. Nicht nur der Text zeugt davon, sondern auch ein loses, an dieser Stelle eingefügtes Blatt.[2] Es ist auf beiden Seiten zweispaltig beschrieben und trägt die Überschrift: «NB Res Curiosae & Exoticae Quae in Ambulacro Hortj Academiae Leydensis Curiositatem amantibus offeruntur. A° 1659.»[3] 110 lateinisch bezeichnete Objekte sind aufgeführt, die im *Ambulacrum*, einem langgestreckten, schmalen Gebäude an der Nordseite des Gartens ausgestellt waren. Garten und *Ambulacrum* bildeten zusammen eine Kunst- und Wunderkammer. Offensichtlich waren die jungen Männer von der Vielfalt und der Menge der Objekte so überwältigt, dass sie das Bedürfnis hatten, ihr «natürliches» Gedächtnis mit einem «künstlichen» Gedächtnis zu unterstützen. Deshalb kopierten sie die Liste, die im *Ambulacrum* zur Information der Besucher auflag. – Nach Abschluss der Reise kehrte Johann Viktor Besenval nach Solothurn zurück, heiratete, engagierte sich in der Politik und baute sich einen Sommersitz mit Garten: Schloss Waldegg.[4]

Gartenlisten in der frühen Neuzeit
Die Kulturgeschichte des 16. und 17. Jahrhunderts war geprägt von der Entdeckung neuer Kontinente. Nie gesehene Objekte und Pflanzen führten zu einer fundamental neuartigen Auseinandersetzung mit der sichtbaren Welt und waren eine Voraussetzung für die neu entstehenden Naturwissenschaften. Gleichzeitig waren sie, wie Geld oder Ländereien, ein Wert, der in Listen erfasst wurde. Auch der *Hortus Eystettensis*, der Garten selbst wie auch das Buch, ist eine Liste. Im Auftrag des Fürstbischofs von Eichstädt dokumentierte Basilius Besler (1561–1629) auf 367 Tafeln nicht nur die schönsten, sondern auch exotische, besonders seltene oder von der Norm abweichende Pflanzen, die sein Auftraggeber im Garten versammelt hatte.[5]

Botanische Raritäten und, damit zusammenhängend, der Austausch über aktuelle Entwicklungen in der Gartengestaltung wurden zu Themen in der Korrespondenz des Adels und gehobenen Bürgertums. So stellte der englische Universalgelehrte John Evelyn (1620–1706) in einem Brief von 1686 an seinen Freund John Berkely (1650–1694) eine Liste niederländischer Gärten zusammen, die man unbedingt besuchen müsse, alles Gärten von Höflingen und hohen Verwaltungsbeamten, die in ihrem botanischen Reichtum und der hervorragenden Pflege zu den besten dieses Landes gehörten und völlig anders seien als die prahlerische Grösse der französischen Anlagen.[6]

Kunstdenkmäler: Von der Liste zum Inventar
Nicht nur Fremdartigkeit machte einen Gegenstand zum begehrten Sammelobjekt. Durch das wachsende Bewusstwerden der Verschiedenheit von Gegenwart und Vergangenheit wurde seit dem 18. Jahrhundert auch das Alter zu einem «Wert». Damit ergab sich ein neuer Blick auf die eigene Kultur, und es traten neue Objekte in den Fokus, etwa Kirchen oder Rathäuser aus einer früheren Zeit, die einer Stadt oder einem Land gehörten. Die Anfänge, solche Objekte in Listen, Inventaren oder kunsttopografischen Werken zu erfassen, reichen in der Schweiz ins 18., 19. Jahrhundert zurück. 1798, als die Schweiz für kurze Zeit ein Satellitenstaat Frankreichs war, forderte der helvetische Erziehungsdirektor Philipp Albert Stapfer (1766–1840) die Kantone auf, Listen von schutzwürdigen Bauten zu erstellen. «Das war der erste Versuch, ein historisch-wissenschaftliches Anliegen mit einem administrativ-schützerischen zu verbinden.» Seit Stapfer und später Johann Rudolf Rahn (1841–1912) «sind die Komponenten Kenntnis und Fürsorge Motivation für die Beschäftigung mit den Altertümern».[7]

Aus diesen frühen Ansätzen entwickelten sich Vereine und staatliche Institutionen für die Dokumentation, die Erhaltung und Pflege schutzwürdiger Denkmäler. Dazu gehören der Schweizer Heimatschutz (SHS), die Gesellschaft für Schweizerische Kunstgeschichte (GSK) als Herausgeberin der Kunstdenkmäler der Schweiz[8], die Eidgenössische Kommission für Denkmalpflege (EKD) und schliesslich die kantonalen Denkmalpflegeämter, die häufig aus der Bearbeitung eines Kunstdenkmäler-Bandes herausgewachsen sind und deren Handlungsfähigkeit bis heute Höhen und Tiefen erlebt.

Gärten im Kreis der Kunstdenkmäler?
Gärtner haben seit der Renaissance Gärten nicht nur gepflegt, sondern auch gestaltet. Doch, von berühmten Ausnahmen abgesehen, sind es die Namen der Eigentümer oder Orte, die wir bis heute mit diesen Anlagen verbinden. Das änderte sich im 19. und frühen 20. Jahrhundert, als sich das Gärtnerhandwerk in Produktion, Gartenbau und Gartengestaltung aufzugliedern begann. Eine Entwicklung, die zu eigenen Berufsverbänden führte. Mit der Gründung des Bundes Schweizerischer Gartengestalter (heute: Bund Schweizer Landschaftsarchitekten und Landschaftsarchitektinnen [BSLA]) 1925 bekamen die Gestalter einen Namen und ein eigenes Berufsprofil. Damit traten in den Nachkriegsjahren die Gärten selbst als kulturelle Leistung stärker ins öffentliche Licht. Im August 1948 schlossen sich die ersten 14 nationalen Berufsvereinigungen zur International Federation of Landscape Architects (IFLA) zusammen. Vertreten durch Walter Leder (1892–1985) gehörte auch die Schweiz zu den Gründungsmitgliedern. Leder war von 1954 bis 1958 der zweite IFLA-Präsident und organisierte im August 1956 deren IV. Kongress in Zürich. Drei Jahre später fand die G/59, die 1. Schweizerische Gartenbauausstellung, an den Ufern des Zürichsees statt, die sich dank ihrem vielfältigen Angebot nicht ausschliesslich an Fachleute wandte, sondern auch Laien in grosser Zahl anzog und für Gärten begeisterte.

An der Gartenbauschule in Koppigen vermittelte Albert Baumann (1891–1976) seit 1920 seinen Schülern Kenntnisse zur Kunstgeschichte der Gärten und führte sie so in die gestalterischen Grundprinzipien ein, die je nach Entstehungszeit sehr unterschiedlich sein konnten. «Entwicklungsphasen in der Gartengestaltung» überschreibt er das erste Kapitel seines Buches *Neues Planen und Gestalten*. So hat er zahllosen Schülern den Wert historischer Gärten als geschichtliche Dokumente und als Inspirationsquelle nachfolgender Generationen vermittelt.

Wegweisend für die Wahrnehmung der Gärten als kulturelle Leistung hätte der 1969 erschienene erste Kunstdenkmäler-Band des Kantons Basel-Landschaft von Hans-Rudolf Heyer sein können. Der Autor hat die Ermitage in Arlesheim nach den gleichen Vorgaben, die für die Baudenkmäler gelten, erforscht und auf 17 Seiten mit zahlreichen Abbildungen dargestellt.[9] In der Westschweiz wurde dieser Faden in den 1980er Jahren vorsichtig aufgenommen. So zeigen etwa die Kunstdenkmäler-Autoren der Kantone Waadt und Freiburg auf Fotos und Plänen der Gebäude auch einen

Teil des sie umgebenden Gartens. Stimmungsvolle, zeitgenössische Zeichnungen und kurze Texte geben konkrete Hinweise zu Pflanzen und Gehölzen, etwa dass Linden durch die neu eingeführten Kastanien ersetzt wurden.

Die in den Kunstdenkmäler-Bänden behandelten Objekte geniessen zwar keinen rechtlichen Schutz. Aber vor allem die Gerichte betrachten die Beschreibungen in einem Kunstdenkmäler-Band als fachlich objektive Einschätzung eines Objektes und berücksichtigen sie in der Urteilsfindung. Seit einigen Jahren bereits gehört die Beschreibung von Gartenanlagen auch ins Pflichtenheft der Autoren.

Fortschritte in den 70er und 80er Jahren: eine Liste
In den 1970er und 1980er Jahren nahm das Bemühen um Kenntnis und Fürsorge für das Gartenerbe in der Schweiz und anderen Ländern weiter Fahrt auf. Im Folgenden einige Stationen:

1970 Gründung des ICOMOS/IFLA Komitees für Historische Gärten

1971 erstes Kolloquium des ICOMOS/IFLA Komitees für Historische Gärten[10]

1972 Einrichtung des Lehrgangs für Landschaftsarchitektur an der neu gegründeten Fachhochschule Rapperswil

1975 Europäisches Denkmalschutzjahr mit zahlreichen Aktivitäten
- Internationales Symposium Historische Gärten und Anlagen – Erhaltungswürdigkeit, Erhaltungssinn, Erhaltungszweck in Schwetzingen mit Verabschiedung einer Resolution[11]
- Ausstellung und Begleitpublikation: Winterthur und seine Gärten; Gewerbemuseum Winterthur

1976 Publikation: Albert Hauser. Bauerngärten der Schweiz. Ursprünge, Entwicklung und Bedeutung

1977 Archivierung: Albert Baumanns Nachlass gelangt in die Fachhochschule Rapperswil

1979 Archivierung: Mertens/Nussbaumers Nachlass gelangt in die Fachhochschule Rapperswil

1980 Grün 80: 2. Schweizerische Ausstellung für Garten- und Landschaftsbau in Basel
- Ausstellung und Begleitpublikation: Gärten in Basel. Geschichte und Gegenwart; Stadt- und Münstermuseum Kleines Klingental Basel
- Publikation: Hans-Rudolf Heyer. Historische Gärten der Schweiz. Die Entwicklung vom Mittelalter bis zur Gegenwart [Zum hundertjährigen Bestehen der GSK und zur Grün 80. Diese fand auf dem Gemeindegebiet von Münchenstein statt, weshalb der Regierungsrat von Basel-Landschaft den Autor für die Arbeit am Buch freistellte.]

1981 ICOMOS/IFLA Charta von Florenz (Charta der historischen Gärten)[12]

1982 Archivierung: Gründung der Stiftung für die Schweizer Gartenarchitektur und Landschaftsplanung (heute: Schweizerische Stiftung für Landschaftsarchitektur [SLA]) und des Archivs für Schweizer Landschaftsarchitektur (ASLA) in Rapperswil

1983 Gründung der Schweizerischen Gesellschaft für Gartenkultur (SGGK), mit eigener Zeitschrift (Mitteilungen der Schweizerischen Gesellschaft für Gartenkultur, ab 2001 als Jahrbuch Topiaria Helvetica), für Fachleute und interessierte Laien

1985–1987 Schloss Waldegg bei Solothurn, erste gartenarchäologische Grabung und anschliessende Rekonstruktion[13]

1986–1988 Auftrag des Kantons zur Erarbeitung eines rechtsverbindlichen Inventars der historischen Gärten und Anlagen in der Stadt Zürich

1989 Festsetzung des Inventars der schützenswerten Gärten und Anlagen der Stadt Zürich

1989 Auftrag für ein gartendenkmalpflegerisches Nutzungs- und Gestaltungskonzept des Rechberg-Areals in Zürich[14]

Abb. 1: Der grosse *potager* des Landgutes Le Désert in Lausanne (Foto: 2006).

Die Fürsorge

Erste Parkpflegewerke

Parallel zu den frühen Erfassungsarbeiten wurde die Fürsorge zu einem dringenden Problem, vor allem dort, wo historische Gärten und Anlagen gleichsam als «Anhängsel» eines unter Schutz gestellten Gebäudes in öffentlichen Besitz gelangt waren.

Peter Stünzi, Gartenbauamt Zürich, hat bereits in den 1980er Jahren Parkpflegewerke für Villengärten in Auftrag gegeben. Die Landschaftsarchitekten hatten ein grosses Interesse an dieser neuen Aufgabe, aber kaum spezialisierte Fachkenntnisse. Eine beratende Kommission unter der Leitung von Walter Frischknecht, einem Mitarbeiter des Gartenbauamtes, stand den Landschaftsarchitekten für diese Arbeit zur Seite. 1989 übernahm Frischknecht die neugeschaffene Stelle für Gartendenkmalpflege im Gartenbauamt. Im Oktober 1990 trat Judith Rohrer seine Nachfolge an. Die Zürcher Erfahrungen dieser Zeit wurden an einer vom BSLA 1990 organisierten Tagung mit Vorträgen und Besichtigungen vorgestellt.[15]

Anders als in Zürich, wo Parkpflegewerke an Landschaftsarchitektur-Büros vergeben und durch das Gartenbauamt begleitet wurden, hat man sie in Lausanne auch durch eigene Mitarbeiter erstellen lassen. Der Landschaftsarchitekt Klaus Holzhausen hatte in Zürich als Mitarbeiter im Büro Stern und Partner im Auftrag des Gartenbauamtes bereits mehrere Parkpflegewerke erarbeitet, u. a. für die Villa Patumbah. Als er 1990 ins Gartenbauamt nach

Lausanne wechselte, konnte er seine Zürcher Erfahrungen für den Landsitz Le Désert einsetzen, der kurz zuvor in städtisches Eigentum gekommen war. Dank einer guten Quellenlage und den gut erhaltenen historischen Spuren konnte man sich auf die Erhaltung von Originalsubstanz und sanfte Sanierungsmassnahmen beschränken. Die Anlagen wurden öffentlich, während der *potager* den Bewohnern der benachbarten Wohnblöcke als Familiengartenareal dient und so die historische Nutzung tradiert.[16]

Peter Stöckli, Guido Hager und die Folgen

Peter Stöckli war ein Pionier unter den Landschaftsarchitekten. Sein Interesse an der Gartengeschichte hat ihn früh angetrieben aus der Erkenntnis, dass es dabei auch um die Zukunft geht. Ein ebenso wichtiges Anliegen war ihm die Geschichte und die Weiterentwicklung des Berufs. 1981 wurde auf seine Initiative an der Fachhochschule Rapperswil eine Vortragsreihe zum Thema Denkmalpflege im Freiraum durchgeführt. 1982 war er massgeblich am Aufbau des Archivs in Rapperswil beteiligt, 1990 referierte er an der BSLA-Tagung über die Entwicklung der Gartendenkmalpflege in der Schweiz.

Guido Hager war in jungen Jahren ein Generalist, erarbeitete Parkpflegewerke, war auf allen wichtigen Tagungen zu finden und wurde so auch in Deutschland und Österreich zu einem erfolgreichen Netzwerker. Im Wintersemester 1991/92 führte er an der Fachhochschule Rapperswil ein Nachdiplomstudium Gartendenkmalpflege durch. Daneben interessierte er sich für zeitgenössische Architektur und war ein häufiger Hörer im Kolloquium Alt und Neu von Georg Mörsch an der ETH, einem erklärten Gegner von Rekonstruktionen. Hier hat er Ideen gesammelt, wie die Fürsorge für einen Garten, der kaum noch materielle historische Spuren aufweist, aussehen müsste.

In den späten 1980er Jahren haben beide exemplarisch, jeder mit einem Grossprojekt, zwei grundsätzlich verschiedene Haltungen im Umgang mit einer historischen Gartenanlage vor Augen geführt. Unter Peter Stöcklis sachkundiger Leitung wurde vor der Südfassade von Schloss Waldegg die landschaftliche Überformung aufgehoben und das barocke Broderie-Parterre *rekonstruiert*. Dagegen hat Guido Hager im Rechberggarten in Zürich das grosse, mehrfach umgestaltete Hauptparterre in modernen Formen und Materialien, aber im strengen Rahmen barocker Gestaltungsprinzipien *weitergebaut*.[17]

Beide Lösungen wurden später in Fachkreisen ausgiebig diskutiert, kritisiert – auch Peter Stöckli sah seine Tätigkeit in der Waldegg kritisch – und führten schliesslich zu grundsätzlichen Überlegungen zum Umgang mit Gartendenkmälern. Der Theorie- und Methodendiskurs, der die Baudenkmalpflege seit einem Jahrhundert beschäftigte, war damit auch in der *Garten*denkmalpflege angekommen. Sie konnte sich nicht länger hinter den «geschichtslosen» Pflanzen verstecken und als Sonderfall gebärden. Auch Pflanzen tragen Spuren durchlebter Zeit. Alte Schnittspuren gehören dazu, wie sie im Neuen Wenken in Riehen bis zur Totalerneuerung der Alleen an den Bäumen zu sehen waren; auch Blütenpflanzen, die sich in extensiv gepflegten Winkeln alter Gärten erhalten haben, sind Zeigerpflanzen früherer Epochen.[18] Solchen Spuren muss die Fürsorge ebenso gelten wie den steinernen Elementen eines alten Gartens.

Das Netzwerk

Judith Rohrer wurde in den ersten Jahren von einer Beratergruppe begleitet, bestehend aus Peter Stöckli, Dieter Nievergelt (städtischer Denkmalpfleger), Klaus Holzhausen, Guido Hager und Brigitt Sigel. Die gemischte Zusammensetzung der Gruppe aus amtlicher Denkmalpflege, gartendenkmalpflegerischer Praxis, einem Vertreter der französischen Schweiz und mir als Vertreterin des ETH-Instituts für Denkmalpflege führte dazu, dass man über eine von der Stadt unabhängige Fachgruppe nachzudenken begann.

Diskussionen über die Definition des Denkmals, Grundsatzfragen der Denkmalpflege und ihrer Methoden waren am Institut für Denkmalpflege unter der Leitung von Georg Mörsch und seinen Mitarbeitern an der Tagesordnung. Es ist der Einsicht des Institutsleiters zu verdanken, dass das Gartenerbe in diesen Themenkreis einbezogen wurde und dass er es mir ermöglichte, einen kleinen Forschungsschwerpunkt Gartendenkmalpflege aufzubauen. Bereits im Wintersemester 1992/93, noch vor der Gründung der geplanten Arbeitsgruppe, wurde das

NIKE

INSTITUT FÜR DENKMALPFLEGE (ID, ETHZ)
VEREINIGUNG DER SCHWEIZER DENKMALPFLEGER (VSD)
ICOMOS - LANDESGRUPPE SCHWEIZ

Kolloquium: Wintersemester 1992/93, ETH Zürich
ETH Hauptgebäude D.5.2
Freitags: 16.15 - 17.45 Uhr
Vorlesungsnummer: 12-451

GARTENDENKMALPFLEGE

6. November 1992
Diskussionsleiter:
Prof. G. Mörsch
(ev. G. Hager)

Prof. Dr. Dieter Kienast, Landschaftsarchitekt BSLA, Zürich, Karlsruhe
Gartendenkmalpflege zwischen Gartenkultur und Gartenkunst

20. November 1992
Diskussionsleiter:
Dr. H. Rutishauser

Dr. Brigitt Sigel, Wissenschaftliche Mitarbeiterin Institut für Denkmalpflege, Zürich
Authentizität und Alterswert. Wie weit sind Prinzipien und Methoden der Baudenkmalpflege auf Gartendenkmäler anwendbar?

4. Dezember 1992
Diskussionsleiter:
Dr. J. Ganz

Dr. Erika Schmidt, Landschaftsarchitektin, Hannover
Vermeidbare Verluste. Probleme der Erhaltung von Denkmalsubstanz in historischen Gärten

18. Dezember 1992
Diskussionsleiter:
G. Hager

Peter P. Stöckli, Landschaftsarchitekt BSLA, Wettingen
Stand der Gartendenkmalpflege in der Schweiz
Entwicklung, rechtliche und fachliche Lage, Stand der Inventarisation, der Ausbildung. Forderungen

8. Januar 1993
Diskussionsleiter:
Dr. J. Ganz

Dr. Georg Carlen, Kantonaler Denkmalpfleger Luzern
Fallbeispiele Rekonstruktion. Quellenlage und Bestand als Ausgangslage zur Rekonstruktion

22. Januar 1993
Diskussionsleiter:
Prof. G. Mörsch

Dr. Detlev Karg, Landeskonservator, Brandenburgisches Amt für Denkmalpflege, Berlin
Fallbeispiele Instandsetzung. Mit der Axt und dem Spaten in Pücklers Muskau und Branitz

5. Februar 1993
Diskussionsleiter:
G. Hager

Judith Rohrer-Amberg, Landschaftsarchitektin HTL, Fachstelle Gartendenkmalpflege Zürich
Fallbeispiele Renovierung. Villengärten von Fröbel und Mertens

19. Februar 1993
Diskussionsleiter:
Dr. H. Rutishauser

Guido Hager, Landschaftsarchitekt BSLA, Zürich
Fallbeispiele Weitergestaltung. Wie können neue Ansprüche in ein Gartendenkmal integriert werden?

Kosten: Fr. 20.-- zu bezahlen an der Kasse, ETH Hauptgebäude, S.66 (bis 16.00 Uhr) oder PC 30-1171-7 (Vermerk: Vorlesungsnummer 12-451).
Auskunft: Institut für Denkmalpflege (01/256 22 84)

Abb. 2: Programm des «Freitagskollquiums» im Wintersemester 1992/93. Veranstalter: Institut für Denkmalpflege der ETH Zürich, Vereinigung der Schweizer Denkmalpfleger (VSD) und ICOMOS-Landesgruppe Schweiz.

«Freitagskolloquium der Denkmalpfleger» der Gartendenkmalpflege gewidmet. Dieter Kienast, als bedeutendster Landschaftsarchitekt der damaligen Zeit, hat das Einführungsreferat gehalten.

Eine gesamtschweizerische Listenerfassung stand für die geplante Arbeitsgruppe im Vordergrund und die Frage nach ihrer Anbindung an eine «verwandte» Institution. Es resultierten schliesslich zwei Gruppen: 1993 die Arbeitsgruppe Gartendenkmalpflege von ICOMOS Schweiz und 1994 die Fachgruppe Gartendenkmalpflege des BSLA. Die Letztere bot mit ihren Exkursionen zu gärtnerischen Baustellen Möglichkeiten, über praktische Probleme zu diskutieren, und sie führte zu einem regen Austausch zwischen Romands und Deutschschweizern.

Die Gründung der ICOMOS Arbeitsgruppe Gartendenkmalpflege

Die Arbeitsgruppe wurde am 19. Februar 1993 im Beckenhof in Zürich gegründet. Gründungsmitglieder waren Guido Hager (Vorsitz), Hans-Rudolf Heyer als Doyen des Gartenerbes, Eric Kempf, der die Verbindung zur Westschweiz sicherte, Judith Rohrer, die erste Erfahrungen mit einer festgesetzten Liste hatte, Peter Stöckli, der bereits einen Testlauf im Aargau vorbereitete, Markus Schmid und Brigitt Sigel. Guido Hager protokollierte das «Brainstorming» der Gründungssitzung mit knappen, präzisen Worten und klaren Aufträgen an einzelne Mitglieder. Und er führte die Gruppe an straffem Zügel – ein Kompliment! – durch die ersten Jahre.

Die Landesgruppe Schweiz von ICOMOS hat die Arbeitsgruppe mit offenen Armen empfangen, was, auch durch ihre Ansiedlung bei der NIKE (Nationale Informationsstelle für Kulturgütererhaltung), eine wichtige Vergrösserung des Netzwerks bedeutete!

Die Organisation und Durchführung der Inventarisationstagung 1995 stärkte die Zuversicht, dass ein gesamtschweizerisches Erfassungsprojekt mit zwingenden Vorgaben – auch ohne Rechtsverbindlichkeit – ein wichtiger Schritt für einen verbesserten Schutz und eine Basis für die Gartenforschung sein würde.[19]

Das erste Ziel: eine Liste historischer Gärten und Anlagen der Schweiz

Schon bald schlug Peter Stöckli den Aargau als Pilotprojekt vor, sondierte beim BSLA, wo er im März 1994 ein Erfassungsblatt, eine Typologie der Gärten und eine Organisationsstruktur mit elf Bezirken vorstellte. Der Aargauer Heimatschutz beteiligte sich mit einer Liste einschlägiger Literatur. An einer ganztägigen Exkursion nach Baden wurden alle Beteiligten an vier Objekten in ihre Arbeit eingeführt.

In den Jahren 1994 und 1995 entstand die Wegleitung für die ICOMOS Liste historischer Gärten und Anlagen der Schweiz. Grundlage waren Kenntnisse und Hinweise der Arbeitsgruppenmitglieder, die laufenden Erfahrungen im Aargau, Fachlektüre wie Dorothee Nehrings Beitrag in Dieter Hennebos Buch zur Gartendenkmalpflege,[20] aber auch Gespräche mit Bearbeitern anderer Inventare, etwa Sibylle Heusser vom Inventar der schützenswerten Ortsbilder der Schweiz (ISOS), oder mit Personen aus dem universitären Bereich wie Erika Schmidt (TU Dresden) oder Georg Mörsch, die uns auch einen Ratschlag gaben: Wenn es darum gehe, eine breite Öffentlichkeit mit der Denkmalgattung Garten vertraut zu machen, brauche es nicht so sehr gedruckte Denkmallisten, sondern gut formulierte und schön bebilderte Texte über Gärten. Daran erinnerten wir uns später, als sich nach 2000 eine gewisse allgemeine Ermüdung bemerkbar machte. Ein schönes Buch mit Gärten aus allen Schweizer Kantonen, wissenschaftlich aufgearbeitet und gut illustriert, wie es Hans-Rudolf Heyer vorgemacht hat, sollte es werden. Catherine Waeber und Brigitt Sigel von der Arbeitsgruppe sowie Katharina Medici-Mall als ausgewiesene Gartenforscherin wirkten als Herausgeberinnen. *Nutzen und Zierde. Fünfzig historische Gärten in der Schweiz* und die französische Fassung *Utilité et plaisir. Parcs et jardins historiques de Suisse* wurden rechtzeitig 2006 zu dem um ein Jahr verschobenen zweiten Gartenjahr fertig. Genf dagegen feierte 2008 bereits den Abschluss der Erfassung publikumswirksam mit einer Ausstellung im Institut et Musée Voltaire und einer Publikation.[21]

Das Tandem Hager/Sigel war schliesslich für die schriftliche Fassung der Wegleitung für die Listenerfassung besorgt.

Im *ersten* Kapitel (Einleitung) werden das Ziel, die Rechtsnatur der Liste, der Begriff Gärten und Anlagen und die Zeitgrenze behandelt, ausführlicher und mit Beispielen sind die Aufnahmekriterien, das heisst Eigenschaften, die aus irgendeinem Garten ein Denkmal machen, beschrieben.

Das *zweite* Kapitel (Organisationsstruktur und Projektmanagement) gibt Einblick in die Zusammensetzung und Aufgaben der Nationalen Leitung und die Aufgaben der Kantonsleitungen. Die Finanzierung durch allfällige Leistungen der Kantone, die ehrenamtlich zu leistende Arbeit sowie die Auswertung der Literatur werden angesprochen.

Das *dritte* Kapitel (Die Aufnahmen) enthält Angaben zum Zeitbedarf, zur Vorbereitung der Aufnahmeblätter und Plangrundlagen sowie zur Begehung.

Das *vierte* Kapitel (Erläuterungen zum Listenblatt) enthält alle Punkte, die zwingend oder fakultativ beantwortet werden müssen. Da viele Inventarisatoren nicht vom Fach sein würden, hat man die infrage kommenden Antworten aufgelistet, etwa zur Bauzeit des Gartens, zur Zugänglichkeit oder die Funktion des Gartens.

Als eine Zweierdelegation der ICOMOS Arbeitsgruppe im Mai 1996 beim Bundesamt für Kultur (BAK) vorsprach, um über eine wiederkehrende finanzielle Unterstützung für die Nationale Leitung zu verhandeln, konnte mit der Wegleitung und den Erfahrungen aus dem Aargau gezeigt werden, dass es sich um ein ernst zu nehmendes und sinnvolles Projekt handelt. Es war der Beginn einer wohlwollenden guten Zusammenarbeit, die bis heute andauert.

Die Wegleitung erschien 1996 auf Deutsch, Französisch und Italienisch. Die Arbeit konnte beginnen. *(BS)*

Die Liste wächst kontinuierlich
Die Listenaufnahme beschäftigte die Arbeitsgruppe kontinuierlich. Es galt, die Projektleitenden in den Kantonen zu suchen, Feldaufnahmen mit Freiwilligen oder Arbeitslosen vorzubereiten sowie die Schlusskontrolle und die Übergabe an den jeweiligen Kanton in Papierform und auf CD zu organisieren. Die finanzielle Unterstützung kam vom BAK sowie teilweise von den Kantonen und von verschiedenen Institutionen.

Im Jahr 2011 zeichnete sich ab, dass die ICOMOS-Gartenliste in den nächsten 2–3 Jahren abgeschlossen sein würde. Damit stellte sich die Frage, wie mit dieser Liste in Zukunft zu verfahren sei. Mit der Liste liegt eine erste, auf Sicht erarbeitete Zusammenstellung potenziell schützenswerter historischer Gartenanlagen für die Schweiz vor. Obwohl die Objekte zum Teil von Kanton zu Kanton in unterschiedlicher Tiefe erfasst wurden, ist die Liste aufgrund ihrer gleichbleibenden, verbindlichen Aufnahmekriterien eine ernst zu nehmende Grundlage für jegliches Bestreben zum Schutz von Gärten und Parkanlagen. Im Vorfeld der Feierlichkeiten zum Abschluss der ICOMOS-Gartenliste im Jahre 2014 sind zwei Handlungsoptionen zum weiteren Vorgehen eingehend diskutiert worden. Dies mit dem unbedingten Willen der Arbeitsgruppe und des BAK zu verhindern, dass die ICOMOS-Gartenliste als «Papiertiger» bald in den Schubladen verschwindet und vergessen wird. Zum einen wurde die Idee eines Bundesinventares zu schützenswerten historischen Garten- und Parkanlagen der Schweiz analog zu den beiden bestehenden Bundesinventaren, Inventar der historischen Verkehrswege der Schweiz (IVS) und Inventar der schützenswerten Ortsbilder der Schweiz (ISOS), erwogen. Ein solches Projekt würde eine umfassende Inventarisierung der Garten- und Parkanlagen über mehrere Jahre hinweg mit sich bringen und eine Bewertung der inventarisierten Objekte in solche von nationaler, regionaler und lokaler Bedeutung. Als Bundesinventar wäre es für die Kantone eine verbindliche Grundlage zur Erstellung von Nutzungsplänen und würde das öffentliche Interesse an Schutz und Erhalt dieses Kulturgutes festlegen. Aufgrund der Einschätzung der damaligen politischen Konstellation im Bundesparlament, in dem sich bis heute eine kritische Haltung zu allen Bestrebungen des Natur-und Heimatschutzes behauptet, wurde diese Idee nicht weiterverfolgt. Alternativ hat man daher mit dem BAK einen pragmatischen Weg gesucht, um den rechtlichen Schutz und Erhalt von schützenswerten Garten- und Parkanlagen zu erreichen.

Zum einen sollten die Kantone und Gemeinden bei der raumplanerischen Umsetzung der ICOMOS-Gartenliste unterstützt werden. Eine in allen drei Landessprachen verfasste Anleitung zu den verschiedenen Möglichkeiten einer planungsrechtlichen Umsetzung wurde rechtzeitig zum Abschluss der ICOMOS-Gartenliste im Jahr 2014 publiziert. Sie wurde von einem Mitglied der Arbeitsgruppe erstellt und vom BAK finanziert, um so die Bedeutung des Gartenkulturgutes zu bekräftigen.

Zum anderen konnte im Rahmen der Überarbeitung des ISOS erreicht werden, dass die ICOMOS-Gartenliste zur verpflichtenden Grundlage der Inventarisation wird und den Garten- und Parkanlagen als konstituierendes Merkmal aller Siedlungen und Ortsbilder im ISOS mehr Gewicht gegeben wird. Die ICOMOS-Gartenliste konnte nach datenrechtlichen Abklärungen in einer einfachen Form aufs Netz gestellt werden. Bis heute suchen Fachleute mit der Arbeitsgruppe Kontakt, um weitere Informationen zu einer konkreten Gartenanlage oder zu einem Gemeindegebiet zu erhalten, die nicht aufgeschaltet werden durften.

Der rechtliche Schutz des Gartens
Die Arbeitsgruppe erhält immer wieder Anfragen zu einzelnen Gartenanlagen, die neben Fragen zur Anlagegeschichte und zu Pflegeanforderungen vermehrt auch denkmalrechtliche und prozessuale Themen betreffen. Dabei geht es um Fragen des rechtlichen Verfahrens, wie ein bis dato nicht geschützter, aber schützenswerter historischer Garten vor der Zerstörung durch Planungs- und Bauvorhaben bewahrt werden kann. Die Arbeitsgruppe musste deshalb zuerst intern ihre Rolle und Zuständigkeit klären. Als Folge dieser Abklärungen begannen Mitglieder der Arbeitsgruppe, basierend auf dem Listeneintrag, Kurzgutachten zum Denkmalwert eines Gartens zu verfassen. Diese Kurzgutachten entwickelten ihre Wirkung und wurden nicht nur von den Eigentümerschaften oder Institutionen zur Kenntnis genommen, sondern dienten auch in rechtlichen Verfahren als ernst zu nehmende Fachmeinung einer unabhängigen Fachgruppe.

Fasst man das Engagement für den schützenswerten Garten weiter, so gehört auch die Mitsprache bei allen das Gartenkulturgut betreffenden Verordnungen und Gesetzen dazu. In den letzten Jahren begann die Arbeitsgruppe, bei Gesetzesentwürfen und Verordnungen auf kantonaler oder nationaler Ebene im Rahmen der öffentlichen Vernehmlassung Stellungnahmen zu verfassen. Gerade in jüngster Zeit fordern die Vorschläge zu weitreichenden Bestimmungen, etwa zu invasiven Neophyten und zur Förderung der Biodiversität, die Verfechter eines sorgsamen Umgangs mit dem Gartenkulturgut heraus.

Die verständige Pflege des Gartens
Im Laufe der Listenerfassung und dank den Rückmeldungen aus den Kantonen vergrösserte sich unser Wissen über das Gartenkulturgut, insbesondere auch über sein Leiden. Wir begannen zu ahnen, wie hoch die täglichen Verluste an diesem sensiblen Kulturgut sind und wie oft dabei auch Unwissen und Sorglosigkeit der Eigentümerschaften oder der Gärtnerinnen und Gärtner eine wesentliche Rolle spielen. Die Arbeitsgruppe begann sich deshalb ganz konkret mit dem Alltag im Garten zu beschäftigen. Den Mitgliedern war klar, dass sowohl die Gärtnerinnen und Gärtner wie auch die Eigentümerschaften ganz wesentliche Partner sind. Diese müssen für die Erhaltung und den Schutz der Garten- und Parkanlagen gezielt und direkt angesprochen werden. Am Anfang jeglicher Wertschätzung steht, wie bereits oben ausgeführt, das gartengeschichtliche Wissen zur konkreten Anlage und damit verbunden die Kenntnis des richtigen Umgangs sowie die förderliche Pflege vor Ort.

Bereits 1993 hat sich die Arbeitsgruppe auf Anfrage der Basler Denkmalpflege mit der geplanten Intervention im formalen Gartenteil des Wenkenparks bei Riehen beschäftigt und Hinweise zum richtigen Umgang mit dieser mehrhundertjährigen Anlage gegeben. Im Rahmen der Schoggitaleraktion des Schweizer Heimatschutzes im Jahre 1995, die den «alten Gärten» gewidmet war, wurden vier Gartenlandschaften resp. Gartenanlagen in vier Regionen der Schweiz vorgestellt und mit dem Erlös finanziell unterstützt (Garten von Schloss Vullierens, Gärten im Bergell, Schloss Teufen ZH, Sarasinpark Riehen).

Abb. 3: Garten von Schloss Vullierens, eines der vier Schoggitalerobjekte von 1995. Die Allee zum Wäldchen von Collonge wurde mit finanzieller Unterstützung aus dem Talererlös und mit fachlichem Rat der ICOMOS-Arbeitsgruppe gepflegt (Foto: 2006).

Die Arbeitsgruppe arbeitete dabei mit dem Schweizer Heimatschutz zusammen und beriet die Zuständigen vor Ort in der werterhaltenden Pflege der Gartenanlage.

Aus der Erfahrung, dass eine fachgerechte und verständige Pflege und Instandsetzung unabdingbar sind, begann die Arbeitsgruppe 2008, eine Kartei ausgewiesener Fachleute aufzubauen. Sie umfasst sowohl die Planung wie auch die Ausführung und alle Gewerke, die in einem Garten notwendig sind. Sie basiert auf Empfehlungen von Gewährspersonen und wird bis heute jährlich überprüft und aktualisiert. Auskunft über diese Kartei erhalten diejenigen Personen, die sich mit Fragen der Ausführung und des Erhalts eines Gartens an die Arbeitsgruppe wenden. Das in den Jahren 2012 bis 2015 betriebene «Sorgentelefon» musste aufgrund mangelnder finanzieller Mittel wieder eingestellt werden. Noch immer wenden sich jedoch Gartenbesitzerinnen, Gärtner usw. telefonisch oder per Mail mit konkreten Fragen zu Pflege und Schutz an die Arbeitsgruppe, die sich im Stillen zu einem behörden- und verbandsunabhängigen Fachgremium entwickelt hat.

Die Beschäftigung mit dem Alltag im Garten und die Erkenntnis, wie wichtig die richtige Pflege für den Aussagewert und für die Geschichte eines historischen Gartens ist, führte zur Idee und ab 2019 zur Umsetzung von Weiterbildungskursen für Gartenleute. Die Kurse werden von einem Veranstalter zusammen mit der Arbeitsgruppe durchgeführt und richten sich an Gärtnerinnen und Gärtner, aber auch an Planer. Sie sind als eintägige Veranstaltung

Abb. 4: Die Rittermatte in Biel aus dem Jahr 1952 ist eine charakteristische Schulanlage der Nachkriegsmoderne. Die zeittypischen Bodenbeläge haben sich bis heute erhalten. Die Reduzierung des Gehölzbestandes wie die Aufhebung der fassadenbegleitenden Schmuckrabatten haben die Verbindung von Gebäude und Aussenanlagen aufgelöst (Foto: Sommer 2021).

konzipiert und verbinden einen theoretischen mit einem praktischen Teil. Jeweils am Morgen wird die Geschichte der Gärten und Parks vor Ort dargelegt, ergänzt durch Vorträge zur Gartendenkmalpflege und zur rechtlichen Situation. Am Nachmittag besucht man mit den zuständigen Gärtnern ausgewählte Anlagen, untersucht sie auf ihre historischen Spuren und diskutiert die Frage, ob die ausgeführte Pflege die charakteristische Eigenart der Anlage unterstützt.

Wissensvermittlung auf Gartenwegen

Neben der konkreten Unterstützung durch die Weiterbildungskurse in einem Garten und die telefonische Beratung beschloss die Arbeitsgruppe, das Wissen über das Schweizer Gartenkulturgut zu verbreiten, und entwarf die Publikationsreihe «Gartenwege der Schweiz». Kompakte und schön illustrierte Führer sollten die Leserin und den Leser ermuntern, die hiesige Gartenkultur auf verschiedenen Wegen zu erkunden. Die handlichen Führer orientieren sich thematisch nicht an Kantonsgrenzen, sondern an Gartenstilen und Typologien, die in einer kulturhistorischen Region öfters vorkommen. So führen die ersten beiden Bände in die Region Basel und behandeln die für diese Region prägenden Gartenstile: die Landschaftgärten des 19. Jahrhunderts (Band 1) und die Siedlungsgärten des 20. Jahrhunderts (Band 2). Den Bauerngärten in der Ostschweiz und den repräsentativen Schlossgärten zwischen Aare und Seetal sind die Bände 3 und 4 gewidmet. Den vorläufigen Abschluss findet die Reihe mit Band 5 zur reichen Gartenkulturlandschaft im Domleschg, erschienen

Abb. 5: Besuch der Arbeitsgruppe Gartendenkmalpflege im Park von Schloss Ebenrain in Sissach im Sommer 2021.

2019 im Verlag hier + jetzt.[22] Diese Gartenführer waren für die Arbeitsgruppe mit sehr viel Arbeit verbunden. Zum einen galt es, die Finanzierung sicherzustellen und zum andern zusammen mit einer beauftragten Redakteurin das Manuskript inhaltlich zu begleiten. Der Aufwand und die Schwierigkeiten der Finanzierung wurden von Band zu Band grösser, obwohl das Budget klein gehalten wurde. Deshalb ist die Reihe einstweilen eingestellt worden. Spannende Ideen für weitere Bände und erste inhaltliche Entwürfe sind jedoch vorhanden und warten auf eine Umsetzung. *(BFH)*

Résumé

Les jardins historiques ont été sérieusement reconnus comme dignes de protection dans la deuxième moitié du 20e siècle. Après un développement rapide depuis les années 70, avec des conférences, des formations inédites, des expositions et des publications sur l'histoire des jardins, suscite la nécessité de dégager un panorama des jardins dignes de protection. La reconnaissance de la fragilité et de ce patrimoine horticole détérioré par les pertes subies, conduit également aux premières mesures de conservation des monuments. Rapidement, la préservation des jardins historiques amène à examiner les questions de principe et de méthode discutées depuis un siècle dans le domaine de la protection des monuments historiques. Par conséquent, le groupe de travail ICOMOS a été créé en 1993. Sa mission dédiée à la conservation du patrimoine horticole est spécialement axée sur le patrimoine des jardins.

In der zur Verfügung stehenden Bearbeitungszeit und im Rahmen von Topiaria Helvetica war es leider nicht möglich, die Entwicklung in der Westschweiz angemessen zu berücksichtigen.

Dieser Beitrag hätte nicht geschrieben werden können ohne die Unterstützung von Peter Stöckli, der zu verschiedenen Themen umfassende Auszüge aus seinem Archiv verfasste, und Judith Rohrer, die von Amtes wegen über ein Archiv verfügt und viele Fragen beantworten konnte. Weiter zu danken ist Klaus Holzhausen für ein langes Gespräch über die Gartendenkmalpflege in der Westschweiz, Annemarie Bucher und Hans-Rudolf Meier, die als ehemalige Mitglieder des ETH-Instituts für Denkmalpflege meine teilweise schwachen Erinnerungen auffrischen konnten, und Erik de Jong für seinen weiten Blick auf das Thema. Schliesslich danke ich meinem Bruder für sein umsichtiges Lektorat und Brigitte Frei, meiner Mitautorin, für inhaltliche Anregungen und Korrekturen.

1   Der Titel ist ein leicht abgeändertes Zitat nach Hermann Schöpfer, vgl. S. 40 und Anm. 7.
2   Zum Hortus Botanicus vgl.: Jong, Erik [A.] de (1991). «Nature and Art. The Leiden Hortus as ‹Musaeum›», in: *The Authentic Garden. A Symposium on Gardens*. Hrsg. von Tjon Sie Fat, L., de Jong, E., Leiden, S. 37–53, Anm. 39: zur Liste und Johann Viktor Besenval.
3   Notabene: Seltsame & exotische Dinge, die im Ambulacrum des Hortus der Universität Leiden den Liebhabern von Kuriositäten gezeigt werden. – Als Beispiele seien genannt: «10° Fructus Cedrj» (Zedernzapfen) und «27. Hypopotami Dentes» (Nilpferdzähne). – Vgl. *'Jähriger Rayss Beschreibung'. Eine Europareise in den Jahren 1661 und 1662, ausgeführt von vier Solothurner Patriziern* (1997), hrsg. und kommentiert von Thomas Franz Schneider, 2 Bände, (Veröffentlichungen der Zentralbibliothek Solothurn, Nr. 24/1 und 24/2), Solothurn, Bd. 1, S. 60–62. – Die Handschrift der Liste konnte dem gleichen Schreiber zugeordnet werden, der das Titelblatt und die Seiten 1–8 des Reisejournals geschrieben hat. Es handelt sich bei der Liste also tatsächlich um eine Abschrift (Schneider, Bd. 2, S. 12).
4   Vgl. Anm. 13.
5   Littger, Klaus Walter (1999). «Der Garten von Eichstätt. Zur Geschichte des Gartens und des Buches», in: *Der Garten von Eichstätt. Das Pflanzenbuch von Basilius Besler*, Köln, S. 11–26, hier S. 15.
6   Jong, Erik A. de (2022). «Earthly Stars. On the Worship of Flora», in: *In Full Bloom* [Ausstellungskatalog Mauritshuis, Den Haag], Den Haag, S. 67–81, S. 136–137 (Anmerkungen), S. 138–140 (Literatur), hier S. 67.
7   Schöpfer, Hermann (2010). «Inventare – die Suche nach einer Legitimation», in: *Patrimonium. Denkmalpflege und archäologische Bauforschung in der Schweiz 1950–2000*, Zürich, S. 712–726, hier S. 715/720.
8   Die «schwarzen Bände», wie wir sie seit 1927 kennen.
9   Heyer, Hans-Rudolf (1969). *Die Kunstdenkmäler des Kantons Basel-Landschaft. Band I, Der Bezirk Arlesheim*, Basel, S. 166–183.
10 *Compte rendu du premier colloque international sur la conservation et la restauration des jardins historiques*. Fontainebleau, France, 13–18 Septembre 1971, Paris.
11 Anstett, Peter (1976). «Historische Gärten und Anlagen. Bericht über ein Internationales Symposion in Schwetzingen», in: *Denkmalpflege in Baden-Württemberg*, Jg. 5, Nr. 2, S. 82–83, Resolution S. 83.
12 *Internationale Grundsätze und Richtlinien der Denkmalpflege* (2012). Hrsg. von ICOMOS Deutschland, Luxemburg, Österreich, Schweiz, (Monumenta I), München, S. 109–117 (Charta von Florenz, dreisprachig). Wegen der Befürwortung von Rekonstruktionen (z.B. Kapitel A, Artikel 7, 9; Kapitel B, Artikel 16) wird seit Langem eine Überarbeitung der Charta gefordert. Vgl. Schmidt, Erika (2012). «Die Charta von Florenz nach dreissig Jahren kritisch betrachtet», in: *Denkmalpflege in Bremen*, Nr. 9, S. 83–90.
13 Die Gärten der Waldegg sind ein wichtiges Beispiel für die Entwicklung der schweizerischen Gartendenkmalpflege. Das Broderieparterre auf der Südseite des Schlosses wurde im 19. Jahrhundert landschaftlich überformt und erlebte in den 1980er Jahren die erste gartenarchäologische Grabung und eine auf der Grabung und Quellenstudium beruhende Rekonstruktion. Vgl. *Schloss Waldegg bei Solothurn. Gemeinde Feldbrunnen-St. Niklaus. Brücke zwischen Zeiten und Kulturen.* (1991), Solothurn, S. 82–96, S. 228–240. – Vgl. auch: Sigel, Brigitt (1995). «Der gewachsene und der rekonstruierte Garten. Gedanken anlässlich zweier Tagungen über Gartenarchäologie», in: *Die Gartenkunst*, Jg. 7, Nr. 2, S. 341–346.
14 Renfer, Christian (2006). «Der Rechberggarten in Zürich. Denkmal des Wandels oder Denkmal einer Epoche?», in: *Der Garten – ein Ort des Wandels. Perspektiven für die Denkmalpflege*, hrsg. von Erik A. de Jong, Erika Schmidt, Brigitt Sigel, Zürich, S. 203–215.
15 *Gartendenkmalpflege. Öffentliche Tagung des BSLA 14./15. Juni 1990 in Zürich*. Tagungsdokumentation. Referate im Wortlaut, (1990). [Vervielfältigt, einzeln je Beitrag paginiert.]
16 Holzhausen, Klaus (2006). «Intime Zurückgezogenheit und grosszügige Weite. Das Landgut Le Désert in Lausanne», in: Sigel, Brigitt, Waeber, Catherine und Medici-Mall, Katharina

(Hrsg.), *Nutzen und Zierde. Fünfzig historische Gärten in der Schweiz,* Zürich, S. 88–93, S. 318 (Anmerkungen). Vgl. auch: Holzhausen, Klaus, avec la collaboration de Christine Amsler (2023). «Les jardins historiques en Suisse romandes, leur conservation et réhabilitation. Essai d'un état des lieux», in: *NIKE-Bulletin,* Nr. 2, S. 10–15.

17 Stöckli, Peter Paul (1991). «Die Gärten und Alleen: Pflege – Restaurierung – Rekonstruktion», in: *Schloss Waldegg,* wie Anm. 13, S. 228–240. – Renfer, Christian (2006), wie Anm. 14.

18 Stritzke, Klaus (1998). «Bäume als archäologische und geschichtliche Dokumente», in: *Naturschutz und Denkmalpflege. Wege zu einem Dialog im Garten,* hrsg. von Ingo Kowarik, Erika Schmidt, Brigitt Sigel, Zürich, S. 229–236. – Nath, Martina (1990). *Historische Pflanzenverwendung in Landschaftsgärten. Auswertung für den Artenschutz,* Worms.

19 *Inventarisation historischer Gärten. Zusammenfassungen der Referate.* Tagung in Basel, Mittwoch, 4. Mai 1995, veranstaltet von ICOMOS Landesgruppe Schweiz, Bund Schweizer Landschaftsarchitekten und Landschaftsarchitektinnen, Institut für Denkmalpflege ETH Zürich [vervielfältigt, unpaginiert] – Thüring, Bruno, Voss, Jürgen (1995). «Kurzinventar der Basler Gärten und Anlagen», in: *Mitteilungen der Schweizerischen Gesellschaft für Gartenkultur,* Jg. 13, Nr. 1, S. 14–24.

20 Nehring, Dorothee (1985). «Erfassen und Inventarisieren historischer Gärten und Freiräume», in: Hennebo, Dieter, *Gartendenkmalpflege. Grundlagen der Erhaltung historischer Gärten und Grünanlagen,* Stuttgart, S. 106–119.

21 *Jardins, jardins. 3 siècles d'histoire des jardins à Genève,* (Hrsg.) Christine Amsler, Isabelle Bovay, Miltos Thomaïdes (2008), Gollion.

22 Frei-Heitz, Brigitte, Nagel, Anne (2012). *Landschaftsgärten des 19. Jahrhunderts in Basel und Umgebung,* (Gartenwege der Schweiz, 1), Baden. – Frei-Heitz, Brigitte et al. (2013). *Siedlungsgärten des 20. Jahrhunderts in Basel und Umgebung,* (Gartenwege der Schweiz, 2), Baden. – Häne, Roman et al. (2015). *Bauerngärten zwischen Säntis und Bodensee,* (Gartenwege der Schweiz, 3), Baden. – Stöckli, Peter Paul (2016). *Schlossgärten zwischen Aare und Seetal. Ausflüge in den Alten Aargau,* (Gartenwege der Schweiz, 4), Baden. – Schrämmli, Heinz (2019). *Schlossgärten im Domleschg. Kulturwanderung durch eine Bündner Gartenlandschaft,* (Gartenwege der Schweiz, 5), Baden.

Abb. 1: Heinz Dieter Finck
Abb. 2: Unterlagen Brigitt Siegel
Abb. 3: Heinz Dieter Finck
Abb. 4: Susanne Winkler
Abb. 5: Katharina Müller

Pflanzliches Treiben
Eine kleine Geschichte des Gewächshauses

ANNEMARIE BUCHER

Treibhäuser sind weder aus den privaten Hobbygärten noch aus der professionellen Hortikultur wegzudenken. Sie ermöglichen ein kontrolliertes Klima für Pflanzenzucht und -anbau, was erlaubt, ursprüngliche Standortfaktoren von Pflanzen zu simulieren und sie auch über die natürliche saisonale Wachstumsperiode hinaus gedeihen zu lassen. Die Entwicklungsgeschichte von Treibhäusern reicht lang in die Geschichte zurück und findet vor allem in klimatisch kühleren Gefilden statt. (Abb. 1)

In kalten Klimazonen lernten GärtnerInnen schon sehr früh, ihre Pflanzen vor der Witterung zu schützen und deren Vegetationsperioden gezielt zu verlängern. Gewächshausähnliche Gebilde gab es schon im ersten nachchristlichen Jahrhundert. Der römische Kaiser Tiberius habe sich, um ganzjährig mit Gurken versorgt zu sein, Pflanzkästen auf Rädern herstellen lassen, die jeweils an die volle Sonne gestellt wurden. Die Pflanzen, so beschrieben es Plinius d. Ä. und Columella[1] später, wurden bei Kälte eingefahren und in lichtdurchlässigen Rahmen, den sogenannten *specularia*, geschützt. Der Begriff *specularium* leitet sich von *lapis specularis* ab, einer lichtdurchlässigen Gesteinsart (auch als Selenit bekannt), die sich wie Schiefer in Platten spalten lässt. Zusätzliche Wärmeentwicklung wurde zum Teil durch gepackten Tiermist unterstützt. Mit derartigen Massnahmen war der Grundgedanke des Gewächshauses, wie es heute bekannt ist, gesetzt.

Als im 13. Jahrhundert die Herstellung von Glasscheiben und grösseren Glasfenstern möglich wurde, fand dies auch

Abb. 1: Godhab, 1960er-Jahre – in Grönland gehörte zu jedem Wohnhaus auch ein Treibhaus.

Niederschlag in den gärtnerischen Techniken. Im Zusammenspiel mit dem von den Römern praktizierten Wissen um die Klimakontrolle für Pflanzen entstanden grossflächig verglaste Bauten, in denen nicht standorttaugliche Pflanzen gezogen wurden. In dem 1545 gegründeten Botanische Garten der Universität Padua als auch im Botanische Garten der Universität Leiden existierten gemäss historischen Ansichten solche Glasbauten. Da diese hauptsächlich im Kontext von Botanischen Gärten standen, wurden sie zunächst auch als giardini botanici bezeichnet. (Abb. 2)

Während im südlichen Europa ein Dach oder eine Fensterwand ausreichte, um die Pflanzen mittels des Treib-

Abb. 2: Botanischer Garten in Padua, mit verglasten Gewächshäusern ausserhalb der ummauerten Gartenrotunde vor der Basilika St. Antonio, 1545, abgedruckt in: *L'Orto botanico di Padova nell'anno 1842*, von Roberto De Visiani (1842).

hauseffekts über den Winter warm zu halten – die Sonne erwärmte das Innere tagsüber, und das Glas hielt genug Wärme für die kalte Nacht zurück –, brauchte es nördlich der Alpen mehr: Man begann mit speziellen Heizsystemen zu experimentieren, um ein konstant warmes Klima zu erzeugen.

Die technische Verbesserung der Gewächshäuser steht in einem engen Zusammenhang mit dem sogenannten Kolumbuseffekt: Immer mehr nicht frostfeste Pflanzen aus allen Weltgegenden wurden als Statussymbole und neue Nutzpflanzen gehandelt, auch in klimatisch ungünstigen Gegenden. Vor diesem Hintergrund waren Lösungen gefragt, wie man diese Pflanzen transportierte und wie man sie unbeschädigt durch den Winter bringen konnte. Die Innovation lag darin, die Kultivierung heikler Pflanzen in den gebauten Innenraum zu verlagern. Nördlich der Alpen wurden Häuser mit grossen Fenstern gebaut, in denen vor allem Orangen- und Zitronenbäume überwintert wurden. Für diese spezifischen Bauten bürgerte sich die Bezeichnung Orangerie oder Pomeranzenhaus ein. (Abb. 3 und 4)

Abb. 3: Zitrusbäume im Wintergarten, aus: *Hesperides* von Giovanni Battista Ferrari, veröffentlicht 1646 von Filippo Gagliardi.

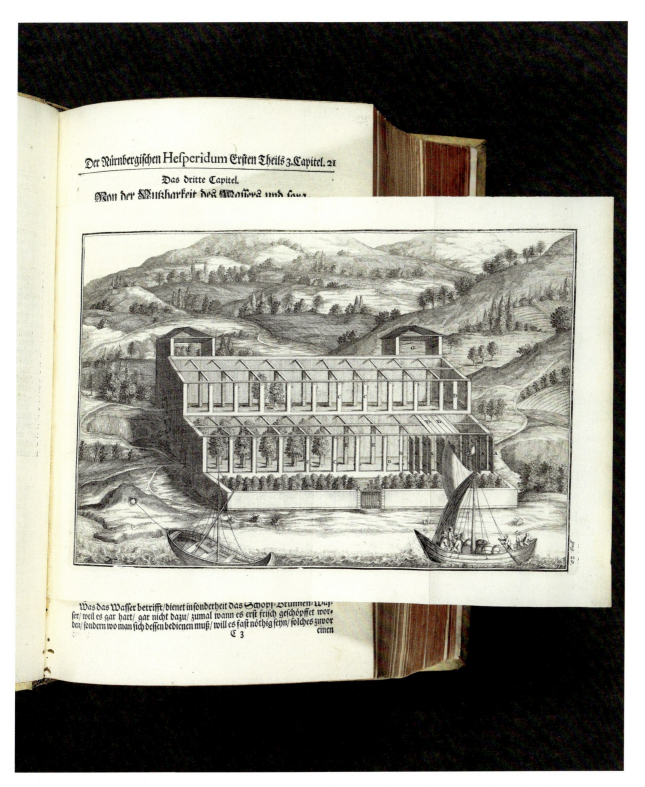

Abb. 4: Struktur eines Treibhauses für Zitruspflanzen, aus: Johann Christoph Volkamer, *Nürnbergische Hesperides*. Nürnberg, 1708.

Abb. 5: Orangerie in Versailles, Fotografie 1870–1900.

Da sowohl die exotischen Pflanzen als auch das Baumaterial Glas teuer waren, blieben die Orangerien oder Wintergärten zunächst machtvollen Regenten und wohlhabenden Bürgern vorbehalten, die auch im Besitz von botanischen Sammlungen waren. Vor allem die Königshöfe verzeichneten einen Zuwachs an exotischen Pflanzen, da sie Forschungsreisen förderten und im Gegenzug entsprechende Prestigeobjekte erhielten. Die 150 m lange Orangerie in Versailles, von Ludwig XIV. in Auftrag gegeben, wurde zwischen 1684 und 1686 von Jules Hardouin Mansart erbaut. Sie sollte 1000 Orangenbäume und andere subtropische Früchte, die in grossen Kisten gezüchtet wurden, über den Winter beherbergen. Die grossen verglasten Türen und Fenster liessen mehr Licht in den Raum und ermöglichten ein einfaches Verschieben der Pflanzkisten. (Abb. 5) In der Folge setzten sich die Gewächshäuser als Bestandteile der repräsentativen Gartengestaltung in weiten Teilen Europas durch.

Um die Mitte des 17. Jahrhunderts waren in europäischen Gewächshäusern erstmals Ananaspflanzen[2] erfolgreich vermehrt worden. Um auch eine reife Frucht zu erhalten, bedurfte es jedoch einer gleichmässig hohen Temperatur und genügend Licht. In den Niederlanden wurden entsprechende Gewächshäuser entwickelt und die ersten fruchtenden Erfolge beim europäischen Ananasanbau erzielt.

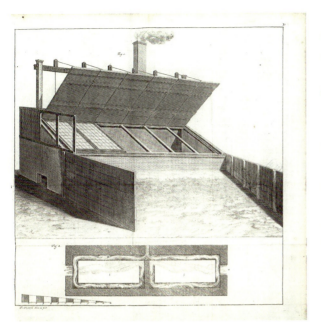

Abb. 6 a, b: Bauplan für eine Orangerie, in der die Pflanzen auf Treppenstufen besser belichtet sind und beheiztes Ananashaus, aus: Pieter de la Court van de Voort, *Anmuthigkeiten des Landlebens* (1758).

1682 war das erste für den Ananasanbau geeignete Gewächshaus im Hortus Botanicus Amsterdam in Betrieb genommen worden. Drei Seiten des kleinen Hauses waren verglast und der Boden wurde von unten durch Torföfen beheizt. Inspiriert durch die Erfolge in den Niederlanden wurde die Kultivierung dieser tropischen Frucht auch in anderen europäischen Ländern angestrebt. Ludwig XV. liess 1738 ein tropisches Gewächshaus für 800 Ananaspflanzen bauen. In der Folge pflegten begüterte Grundbesitzer in ihren Gewächshäusern ihre eigenen exotischen Früchte wie Orangen, Bananen und Ananas sowie exotische Schnittblumen zu produzieren. Damit entwickelte sich das Gewächshaus mehr und mehr vom botanischen Garten zum Spielplatz reicher Leute.

Der Leidener Tuchhändler und Gartenspezialist Pieter de la Court van der Voort entwickelte und baute Orangerien und Ananashäuser und erzielte belegbare Erfolge. (Abb. 6a, b) Der französische Reisende Aubry de la Mottraye begegnete auf seinen Reisen im Jahr 1713 im grossen Garten von Herrenhausen einer Orangerie, in der Öfen die Temperatur so regelten, dass die Bäume und Pflanzen auch im strengsten Winter Blüten und Früchte trugen. Er hatte von mehreren zuverlässigen Personen gehört, die dort im Winter Trauben gegessen hatten, deren Früchte genauso gut und reif waren wie die in Frankreich und Spanien im Herbst.[3]

Der Bau von Gewächshäusern erlebte einen Aufschwung mit technologischen Erfindungen: Um 1700 gelang die Herstellung von preiswertem Flachglas in grösseren Scheiben. Auch für die tragenden Strukturen wurden in zunehmenden Mass Eisenkonstruktionen verwendet. Mit den neuen Materialien Glas und Eisen wurde der Bau von grossen lichtdurchlässigen Konstruktionen möglich.

Die erste bekannte Zentralheizung mit Warmwasser wurde 1716 für ein Treibhaus in Newcastle gebaut.[4] Im englischen Garten des württembergischen Fürsten Carl Eugen wurde 1789 ein Gewächshaus errichtet, das wegen seiner modernen Glas-Eisen-Konstruktion als «das Eiserne Haus» bezeichnet wurde. Es konnte beheizt werden und enthielt eine Sammlung von rund 1000 Ananaspflanzen. Neben den freistehenden Treibhäusern entstanden auch sogenannte

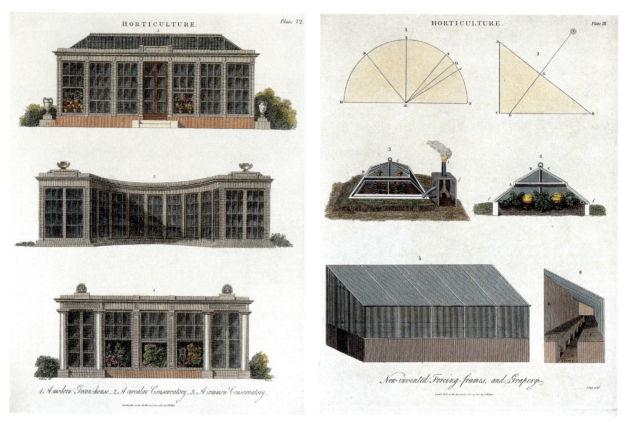

Abb. 7 a, b, c: Verschiedene Typen von Orangerien und Gewächshäusern. Aus: *Encyclopaedia Londinensis/Universal dictionary of arts, sciences, and literature*, 1811.

Lean-to-Greenhouses, die mit einem schrägen Glasdach an eine nach Norden schützende massive Mauer anlehnten und so ein geeignetes Klima boten. (Abb. 7a, b, c)

Entscheidend für die Weiterentwicklung des Gewächshauses waren der europäische Kolonialismus. Das Interesse an tropischen Pflanzen stieg im Rahmen der kolonialen Expansion an: europäische Botaniker und Pflanzenhändler suchten auf allen Kontinenten nach neuen Pflanzen. Diese mussten jedoch als Samen oder Knollen oder als trockene Rhizome und Wurzeln verschifft werden, da salzige Luft, Lichtmangel, Mangel an frischem Wasser und unzureichende Pflege die Sendungen grösstenteils zerstörten. Um die Pflanzenverschiffung zu verbessern, entwickelte der englische Arzt Nathaniel B. Ward[5] in den 1830er-Jahren ein transportables Miniaturgewächshaus, das dazu diente, tropische Pflanzen aus ihrem Heimatstandort unbeschädigt zu transportieren. Der sogenannte Wardsche Kasten war ein geschlossener gläserner Behälter, in dem auch empfindliche Jungpflanzen überlebten. (Abb. 8) Ward veröffentlichte 1842 ein Buch mit dem Titel *On the Growth of Plants in Closely Glazed Cases* (Über das Wachstum von Pflanzen in dicht verglasten Behältern). Der erste Test der gläsernen Kästen fand im Juli 1833 statt, als Ward zwei speziell konstruierte gläserne Kästen, gefüllt mit britischen Farnen und Gräsern, bis nach Sydney, Australien, verschiffte – eine mehrmonatige Reise, bei der die geschützten Pflanzen bei ihrer Ankunft noch immer in gutem Zustand waren. Andere Pflanzen traten die Rückreise an: eine Reihe einheimischer australischer Arten, die den Transport zuvor nicht überlebt hatten. Die Pflanzen kamen nach einer stürmischen Reise um Kap Hoorn in gutem Zustand an.

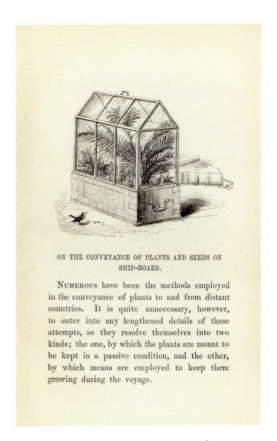

Abb. 8: Wardscher Kasten, aus: N.B. Ward, *On the Growth of Plants in Closely Glazed Cases*, 1842.

Die technologischen Fortschritte im 19. Jahrhundert führten zu weiteren wesentlichen Verbesserungen im Gewächshausbau. Mit der Industrialisierung schritt die modulare Bauweise zügig voran. In England experimentierten George Steward Mackenzie und John C. Loudon mit halbkreisförmig gewölbten Eisen-Glasdächern, um möglichst viel Sonnenlicht ins Innere zu bringen. Loudon errichtete 1818 in Bayswater bei London verschiedene Versuchsgewächshäuser, um die günstigste Konstruktionsform für eine optimale Sonneneinstrahlung zu finden. Zudem veröffentlichte er 1817 *Remarks on the Construction of Hothouses* und 1818 *Sketches Of Curvilinear Hothouses*, Schriften, die die weitere Entwicklung der Glashauskonstruktion massgeblich beeinflussten. In der Folge leiteten gekrümmte oder sogar konische Verglasungen das Zeitalter der grossen Gewächshäuser und Wintergärten ein. (Abb. 9a, b)

Ein frühes Beispiel von Eisen-Glas-Gewächshäusern ausserhalb Grossbritanniens sind die 1834–36 von Charles Rohault de Fleury errichteten Gewächshäuser (Grandes Serres) im Pariser Jardin des Plantes. (Abb. 10a, b)

Im Jahre 1851 traf man sich in London zur ersten Weltausstellung im Hyde Park in einem solch gigantischen Gewächshaus, das als Kristallpalast in die Geschichte einging. Es wurde konstruiert von Joseph Paxton, einem Gärtner mit Ingenieursqualitäten. Als Inspiration dienten ihm Gewächshäuser aus Eisen und Glas. Paxton hatte bereits vorher mit solchen Eisen-Glas-Konstruktionen experimentiert, um Klimaräume für exotische Pflanzen zu entwickeln. Ein solches hatte er für die Royal Botanic Gardens in Kew gebaut, in dem die grösste Seerose der Welt, die *Victoria Amazonica*, zur Blüte kommen konnte. (Abb. 11)

Abb. 9 a: John Claudius Loudon. Entwurf für ein Gewächshaus, 1818.

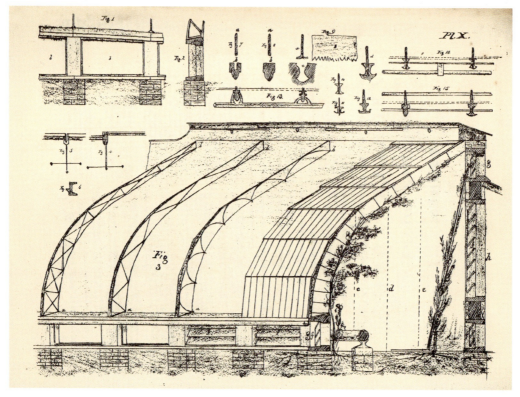

Abb. 9 b: John Claudius Loudon, Konstruktionszeichnung; aus: *Remarks on the Construction of Hothouses*, 1817.

Abb. 10 a, b: Les Grandes Serres du Jardin des Plantes de Paris, 1851.

Abb. 11: Joseph Paxton, Glashaus in Kew Gardens mit Seerose: aus: *Illustrated London News* vom 17. November 1849.

Abb. 12: Joseph Paxton, Kristallpalast, 1854.

Abb. 13: London. Weltausstellung, 1851, Inneres des Kristallpalastes.

Als 1849 der Wettbewerb für den Bau eines Ausstellungsgebäudes für die erste Weltausstellung ausgeschrieben worden war, begann Paxton zwei Wochen vor der Abgabefrist, die Idee des Gewächshauses weiterzuentwickeln, und stiess bei der Bevölkerung auf ein positives Echo, sodass ihm der Zuspruch erteilt wurde. Die Baumaterialien Eisen und Glas bestimmten die Konstruktion. Die grösste robuste Gussglasplatte, die damals hergestellt werden konnte, war etwa 25 cm (10 Zoll) breit und 125 cm (49 Zoll) lang, sodass Paxton das gesamte Gebäude nach diesen Massen ausrichtete: Der 1848 Fuss lange rechteckige Raum mit einem tonnengewölbten Glasdach und einer Galerie in der Mitte und zwei Flügeln ist somit eines der ersten Fertigteilgebäude, deren Form der Funktion folgt. Und dank dieser modularen Bauweise konnte es in nur acht Monaten errichtet werden. (Abb. 12, 13)

Als New York zwei Jahre später eine Weltausstellung ausrichtete, war es die feste Vorgabe, ein Ausstellungsgebäude aus Eisen und Glas zu errichten. Der dänische Gärtner und Designer Georg Carstensen und der deutsche Architekt Karl Gildemeister zeichneten dafür verantwortlich. Es erstaunt nicht, dass der Kunsthistoriker Nikolaus Pevsner im Crystal Palace in London den zentralen Vorläufer der modernen Architektur gesehen hat. Die bestehenden und neugebauten Gewächshäuser der Zeit entwickelten sich zu üppigen städtischen Indoor-Naturen, die die Besucher für einen Moment in den Dschungel entführen sollten.

Das 19. Jahrhundert war die Epoche der grossen öffentlichen Gewächshäuser. Neben Völkerschauen und zoologischen Gärten boten auch Gewächshäuser mit exotischen Pflanzen unterhaltende Anziehungspunkte für das städtische Publikum. Von Kakteen über Orchideen bis zu Seerosen wurden exotische Pflanzen in grossen gläsernen Palästen zur Schau gestellt. (Abb. 14, 15)

Ab Mitte des 20. Jahrhunderts ist erneut ein Wandel im Konzept und Gebrauch des Gewächshauses zu beobachten. In den 1960er-Jahren wurden breitere Polyethylenfolien verfügbar, mit denen die Idee des Gewächshauses kostengünstig weiterentwickelt wurde. Sowohl professionelle

Abb. 14: Carl Blechen, Das Innere des Palmenhauses auf der Berliner Pfaueninsel, 1832, Nationalgalerie Berlin.

Intérieur de la grande Serre.

Abb. 15: Jardin des Plantes, Paris, um 1905.

GärtnerInnen in Produktionsbetrieben als auch HobbygärtnerInnen in ihren Privatgärten bauten Reifekästen und geschützte Räume. (Abb. 16)

Auch in architektonischer Hinsicht veränderte sich die Idee der klimatisierbaren Räume: In den 1940er-Jahren entwickelte der Architekt und Erfinder Richard Buckminster Fuller das Projekt der geodätischen Kuppeln weiter und erfuhr mit der Biosphère als Pavillon der USA an der Expo 67 in Montreal breite Aufmerksamkeit. Bereits 1960 war Buckminster Fuller mit der Idee einer Kuppelstadt an die Öffentlichkeit gelangt: er schlug eine zwei Meilen lange geodätische Kuppel über Midtown Manhattan vor, die das Wetter regulieren und die Luftverschmutzung reduzieren sollte. Die gigantische Glaskuppel sollte die Kühlkosten im Sommer und die Heizkosten im Winter senken und die Temperatur auf einem gleichmässigen Niveau halten. Im Massstab der Stadt war dies das damals noch undenkbar, jedoch für Gewächshäuser erwies sich die geodätische

Abb. 16: Treibhaus, 1965.

Abb. 17: Buckminster Fuller, Dome über Manhattan, 1960.

Kuppel als äusserst zukunftsträchtig. (Abb. 17) Im letzten Drittel des 20. Jahrhunderts wurden mehrere Gewächshäuser in Form von Halbkugeln gebaut. Das traditionelle modulare Bausystem wurde durch geodätische Kuppeln und Plexiglas abgelöst. Die wohl bekanntesten Beispiele sind das Climatron in St. Louis, Missouri, und das Eden Project in Cornwall, England. Das Climatron im Missouri Botanical Garden in St. Louis wurde 1960 erstellt und bildet als erste vollständig klimatisierte geodätische Kuppel das Klima des Tieflandregenwaldes nach. Sie enthält einen kleinen steinernen neoklassizistischen Pavillon und über 400 verschiedene Pflanzenarten. Neben der ausgeklügelten Klimasteuerung simulieren eine Reihe von 24 Flutlichtern die Tages- und Nachtlichtverhältnisse. (Abb. 18)

Abb. 18: Climatron, Missouri Botanical Garden.

Abb. 19: Kuppelartige Gewächshäuser im Botanischen Garten in Zürich.

Auch im Botanischen Garten in Zürich wurden neben traditionellen rechteckigen Gewächshäusern in den 1970er-Jahren erstmals in der Schweiz kugelförmige Gewächshäuser errichtet. Sie liegen «wie grosse Tautropfen» in der von Fred Eicher gestalteten Parklandschaft. Die drei kalottenförmigen Dome sind aus gewölbten Acrylglasscheiben zusammengesetzt und wurden vom Architekturbüro Hans und Annemarie Hubacher gebaut. (Abb. 19)

Im letzten Drittel des 20. Jahrhunderts hat sich das Gewächshaus als Modell für die Welt oder für einen Ausschnitt der Erdoberfläche etabliert und wurde ins Ausserirdische ausgebaut. Das Edenprojekt in Cornwall oder die Masoala-Halle im Zürcher Zoo führen die geografische Austauschbarkeit von Klimazonen exemplarisch vor Augen. Diese Vorstellung der «technischen Machbarkeit von Natur» reicht sogar bis ins Weltall hinaus: Im Film *Silent running (Lautlos im Weltall)* 1972 von Douglas Trumbull hat sich auch die Fiktion eines irdischen Ausschnitts der Natur im Weltall umgesetzt. Er handelt von einer Flotte von Raumschiffen, die den Auftrag hat, in biotopischen Glaskuppeln im Weltall die letzten Wälder der Erde zu retten, denn auf dieser war inzwischen die gesamte Natur zerstört worden. Was zunächst nur eine Utopie war, wurde seit Ende des 20. und im 21. Jahrhundert umgesetzt. Mehrere Experimente mit Pflanzen im Weltall fanden statt. 1982 wurden auf der sowjetischen Raumstation Saliut 7 Schaumkressen in einem kleinen Gewächshaus angebaut. Im Januar 2016 wurde auf der Internationalen Raumstation ISS erstmals eine Blume, eine Zinnie, zum Blühen gebracht. Und mit dem *space farming* scheint sich heute eine neue Form des Gewächshauses auszubilden.[6]

Résumé

Les serres chauffées permettent de contrôler l'environnement favorable à la culture et l'élevage des plantes. Celles-ci peuvent prospérer au-delà de leurs facteurs locaux d'origine et de la période saisonnière.

Dans les régions froides, les jardiniers ont appris très tôt à protéger leurs plantes des aléas climatiques et à prolonger les cycles de la végétation de manière ciblée.

C'est là que se trouve l'origine de la serre, puis des nombreuses inventions et développements techniques et horticoles visant à réguler la température autour des plantations. L'essor de la construction de serres a été porté par les innovations technologiques, mais également par la migration des plantes entre les continents. Au 19e siècle, la serre construite en verre et en fer devient non seulement un lieu d'exposition, mais aussi un modèle pour l'architecture moderne.

---

1 Plinius, Nat. hist. XIX, 23, 64, *Cartilaginum generis extraque terram est cucumis, mira voluptate Tiberio principi expetitus; nullo quippe non die contigit ei, pensiles eorum hortos promoventibus in solem rotis olitoribus rursusque hibernis diebus intra specularium munimenta revocantibus;* Columella, de re rustica XI 3, 52.

2 Beauman, Fran (2005). *The Pineapple: King of Fruits*, Random House, London (S. 59–60).

3 De la Mottraye, Aubry (1727). *Voyages du S.r A. de La Motraye En Europe, Asie & Afrique. Où L'En Trouve Une Grande Variété Des Recherches Géographiques, Historiques & Politiques …*, La Haye, T. Johnson & J. van Duren, S. 169.

4 Etwa ab den 1830er-Jahren fand dann die Dampfheizung bei Gewächshäusern Verbreitung.

5 Ein schottischer Botaniker namens Allan Alexander Maconochie hatte fast ein Jahrzehnt zuvor ein ähnliches Terrarium entwickelt, aber da er es nicht veröffentlichte, wurde Ward als alleiniger Erfinder anerkannt.

6 White Paper. The Space Agriculture Endeavour. *Open Agriculture*. 1 (1): 70–73. 26 May 2016. doi:10.1515/opag-2016-0011. ISSN 2391-9531.

Abb. 1: ETH-Z Bildarchiv
Abb. 2: https://de.wikipedia.org/wiki/Botanischer_Garten_Padua#/media/Datei:Orto_dei_semplici_PD_01.jpg
Abb. 3: Giovanni Battista Ferrari, *Hesperides*, veröffentlicht 1646 von Filippo Gagliardi
Abb. 4: aus: Johann Christoph Volkamer, *Nürnbergische Hesperides*, 1708
Abb. 5: Public domain (Rijksmuseum Amsterdam)
Abb. 6 a, b: aus: Pieter de la Court van de Voort, *Anmuthigkeiten des Landlebens* (1758), S. 357 und 359
Abb. 7 a, b, c: aus: *Encyclopaedia Londinensis / Universal dictionary of arts, sciences, and literature*; Volume X; London, 1811
Abb. 8: aus: N.B. Ward: *On the Growth of Plants in Closely Glazed Cases*, 1842
Abb. 9 a: Victoria and Albert Museum, London, Public domain
Abb. 9 b: aus: John Claudius Loudon, *Remarks on the Construction of Hothouses*, 1817, S 113 (public domain) Harvard Library
Abb. 10 a, b: aus: Boitard Pierre, Jules Gabriel Janin: *Le Jardin des plantes*: description, 1851
Abb. 11: aus: *Illustrated London News* vom 17. November 1849
Abb. 12: Smithsonian Libraries, Public domain
Abb. 13: https://de.wikipedia.org/wiki/Datei:Crystal_Palace_Great_Exhibition_tree_1851.png
Abb. 14: Berlin Nationalgalerie, Public domain
Abb. 15: Jardin des Plantes, Paris, 1905 Abb. 16: Foto Kurt Schwarz
Abb. 17: Image courtesy of the Estate of R. Buckminster Fuller
Abb. 18: Library of Congress, Prints & Photographs Division, MO,96-SALU,105L
Abb. 19: Foto Burckhard Mücke

Vitrine

Von Treibhausblumen ist schlecht auf
die Jahreszeit zu schliessen.

Sigmar Schollak

Die Baumuniversität Branitz

ADRESSE
Kastanienallee 29
D-03042 Cottbus

ZUGÄNGLICHKEIT
Schlossgärtnerei mit historischer
Baumuniversität: Oktober–April,
wochentags 7:30–15:30 Uhr
Neue Baumuniversität im Aussenpark:
Eröffnung voraussichtlich Ende 2025

GRÖSSE DER BAUMUNIVERSITÄT
Historische Baumuniversität in der Schlossgärtnerei: 0,1 ha
Neue Baumuniversität im Aussenpark: 3,1 ha

CHRONOLOGIE
1846–1871	Erstanlage durch Fürst Hermann von Pückler-Muskau
1993	Die in DDR-Zeiten vom Park abgetrennte Schlossgärtnerei wird wieder Teile desselben
2011	Revitalisierung der Baumuniversität am historischen Standort
2021–2025	Planung/Realisierung der neuen Baumuniversität im Branitzer Aussenpark

Fürst Hermann von Pückler-Muskau (1785–1871) gilt bis heute als schillernder Inbegriff des genialen und exzentrischen «Parkomanen». Im brandenburgischen Branitz bei Cottbus liess er sich in seinem eigens geschaffenen Landschaftspark in einer Erdpyramide bestatten. Bis heute übt dieser «Tumulus» im See immer noch eine eigenartige Faszination aus und ist längst zum Wahrzeichen des Parks geworden.

Zu Lebzeiten liess der Fürst von seinen Gärtnern sogenannte «Baumuniversitäten» einrichten, in der die zahlreich angekarrten Grossbäume bis zur Weiterverwendung im Park eingeschlagen wurden. Noch bis Anfang des 20. Jahrhunderts wurden diese Areale als parkeigene

Abb. 1: Junge Veredlung aus dem Mutterpflanzenquartier.

Abb. 2: Tumulus und Landpyramide im Branitzer Park.

Baumschulen genutzt, fielen jedoch später der Vernachlässigung anheim. Erst im Jahr 2011 konnte die erste Baumuniversität am historischen Ort der Schlossgärtnerei wieder hergestellt werden. Dies hatte ganz praktische Gründe. Denn die konventionelle Baumschulware erwies sich als unzuverlässig am neuen, sandigen Standort. Ausserdem wichen die Erscheinungsformen der zugekauften Gehölze von jenen der Pücklerzeit ab. Mit der neuen Baumschule konnten endlich genetisch identische Gehölze nachgezüchtet werden, die von besonderem Wert für die Gestaltung und die Geschichte Parkanlage sind. Die Produktion aus parkeigenen Samen oder Reisern bietet darüber hinaus weitere Vorteile: Die Herkunft ist geklärt, die Pflanzen können bedarfsgerecht vermehrt werden, sie werden standortgerecht selektiert und das Risiko eingeschleppter Krankheitserreger wird verringert.

Vor dem Hintergrund des Klimawandels wird heute die Idee der Baumuniversität weiterentwickelt. Denn der Branitzer Park mit seinem Sandboden und seinem kontinentalen Klima leidet besonders unter dem Trockenstress der vergangenen Jahre und das Sterben der Altbäume hat gewohnte Parkbilder längst nachhaltig verändert. Deswegen werden inzwischen in der Baumuniversität auch alternative, klimaresistentere Arten erprobt. Erste Versuche konzentrieren sich auf unterschiedliche Eichen- und Buchenarten aus entfernten Regionen (Schwerpunkte:

Abb. 3 und 4 (rechte Seite): Historische Baumuniversität Branitz.

Südosteuropa und Nordamerika), in denen Trockenheit, Hitze und Frost genauso ausgeprägt sind wie inzwischen in der Niederlausitz. Denn augenzwinkernd und hoffnungsvoll darf behauptet werden: Wer es in Branitz als Pflanze aushält, ist fit für den Klimawandel im Rest der Republik.

Tatsächlich wird die Baumuniversität derzeit zu einem bundesweiten Kompetenzzentrum für historische Gärten im Klimawandel weiter ausgebaut. Mit 5 Millionen Euro fördert die deutsche Bundesregierung das Modellprojekt «Neue Branitzer Baumuniversität» für den Erhalt historischer Gärten im Klimawandel. Die Stiftung als Parkeigentümerin steuert zusätzlich eine halbe Million bei. Ende nächsten Jahres soll das Projekt fertiggestellt sein. Es sieht

Abb. 5: Nachbau von Fürst Pücklers Baumverpflanzungsmaschine.

auf dem historischen Gelände der Schlossgärtnerei den Bau eines Lehr- und Schaugartens (historischer Frühbeethof) zum Thema Klimawandel vor. Vor allem aber wird im angelagerten Aussenpark auf 3,1 Hektar die neue Branitzer Baumuniversität mit Kulturflächen zur Gehölzvermehrung sowie mit Infrastruktur für den Forschungsbetrieb eingerichtet. Das Projekt ist in ein Netzwerk mit Universitäten und anderen Forschungseinrichtungen eingebunden. Man profitiert auch vom kollegialen Wissensaustausch unter den Parkverwaltungen, die sich zum Initiativbündnis «Historische Gärten im Klimawandel» zusammengeschlossen haben.

Die historische und die neue Baumuniversität werden ausserhalb des alten Kernparks durch die sogenannte Pücklerallee verbunden. Ihre einheimischen Stieleichen sind dem Klimawandel inzwischen nicht mehr gewachsen und sterben ab. Als Ersatz entsteht hier auf rund 500 Metern Länge eine neue «Teststrecke» zum Thema alternative Eichen. Nun wird leidenschaftlich gesammelt und ausprobiert: ob andere Weltgegend, ob Hybrid, ob Forstbaumschule oder botanischer Garten – es gilt auch hier, künftige Erfahrungen neu zu pflanzen.

Längst hat die Branitzer Baumuniversität in Deutschland eine Vorbildfunktion. Parkanlagen wie Sanssouci oder Schwetzingen haben begonnen, wieder eigene Baum-

Abb. 6: Alternative Eichenart in der Pücklerallee (Quercus x libanerris).

schulen anzulegen und nach standortgerechten Lösungen im Umgang mit dem Klimawandel zu suchen. In der Schweiz existieren derartige Bemühungen noch nicht. Wer aber hierzulande in die Zukunft schauen möchte, darf getrost in den Norden reisen.

Johannes Stoffler

Der Autor dankt Herrn Christoph Haase, Referent für Gartendenkmalpflege und Projektleiter der Baumuniversität, Stiftung Fürst-Pückler-Museum Park und Schloss Branitz, für seine wertvollen Hinweise zu diesem Beitrag.

Abb. 1: SFPM / Leo Seidel
Abb. 2–5: SFPM / Christoph Haase
Abb. 6: SFPM / Karola Weber

Das Vogelhaus im Zoo Basel

ADRESSE
Zoo Basel
Binningerstrasse 40
4054 Basel

ZUGÄNGLICHKEIT
öffentlich

LANDSCHAFTSARCHITEKTUR
Maurus Schifferli, Bern

FLÄCHE
8137 m² (Vogelhaus, inkl. Innenräume Neubau und Freiflughalle, Aussenanlagen Otter und Pelikane)

DATEN
– Bau Vogelhaus: 1926/27
– Start Sanierung und Neugestaltung: 2019
– Fertigstellung: Juni 2023

BAUHERRSCHAFT
Zoo Basel

BAUKOSTEN
ca. CHF 4.82 Mio
(Landschaftsbau innen und aussen)

AUFTRAGSART
Direktauftrag

Bevor man sie sieht, hört man sie. Vielstimmiges Zwitschern und Pfeifen, Trillern und Flöten füllt an einem grauen Wintertag die hohe Halle des Vogelhauses im Basler Zoo. Erst nach und nach kommen die Tonvirtuosen ins Blickfeld. Mit bunten Federn und leuchtenden Schnäbeln segeln sie anmutig durch die offene Freiflughalle, schaukeln auf den Ästen der Gehölze, die in ihrem Zentrum wachsen, oder sitzen in Volieren, die mit grossflächigen Scheiben davon abgetrennt sind. Rund 40 Vogelarten aus der ganzen Welt leben im 30 Meter langen Bau, viele davon sind Teil internationaler Artenschutzprojekte.

Das Vogelhaus entstand 1926/27 nach den Plänen des Architekten Heinrich Flügel. Im sachlichen Stil des beginnenden 20. Jahrhunderts gebaut, zählt es zum denkmalgeschützten Erbe des Basler Zoos. Rund 90 Jahre nach seiner Eröffnung beschloss dessen Verwaltung eine umfassende Sanierung samt Erweiterung des Hauses. 2019 kamen die Vögel in Provisorien und die Bauarbeiten starteten. Nach fast vier Jahren weihte der Zoodirektor die neue Vogelwelt ein. Rund 30 Millionen Franken hatte der Zolli in das Prestigeprojekt investiert. Ein grosser Teil der nötigen Finanzen war dank privater Spenden zusammengekommen.

Abb. 1: Ein Stück Regenwald aus Borneo in Basel.

Abb. 2a/b: Quer- und Längsschnitt durch das Vogelhaus.

Für Sanierung und Neugestaltung verantwortlich zeichneten Peter Stiner und Vischer Architekten sowie der Landschaftsarchitekt Maurus Schifferli. Bis hin zu kleinen Details – beispielsweise das die Eingangstür zierende steinerne Relief in Vogelform – wurde der Bau mit grosser Sorgfalt restauriert. Hinzu kam eine Reihe von Neuerungen: Am westlichen Ende der Halle sind die Galerien neu über eine geschwungene Treppe zugänglich, sodass unterschiedliche Perspektiven in die Halle möglich sind.

Direkt daran anschliessend erweiterten die Planer das Gebäude mit einem schlichten Anbau, am anderen Ende des Gebäudes dockt heute eine begehbare Voliere an. Zudem wurde die für die Öffentlichkeit nicht zugängliche Zuchtstation an der nördlichen Gebäudeseite vergrössert und modernisiert. Bedeutendster Eingriff im Innern der Halle war der, ihren Boden abzusenken und flächendeckend zu bepflanzen. Unterschiedliche Bodenbeläge, Felsen und kleine Wasserflächen bilden heute ein vielfältiges Relief,

Abb. 3: Blick in die neu gestaltete Freiflughalle.

Abb. 4: Blick von der neu zugänglichen Galerie.

das von den umgebenden Wegen zwar einsehbar, jedoch nicht betretbar ist. Im zentralen Geviert mit einem Substrataufbau von bis zu 1.4 Metern wachsen stattliche Gehölze, Sträucher und Stauden. Beim Blick in die Halle fallen schwarze Schläuche auf, die sich durch sie hindurch ziehen. Die mit Substrat gefüllten und mit einer Tropfbewässerung versehenen Strümpfe aus Geotextil bilden Lianen nach, aus denen mit der Zeit Moose und epiphytische Farne wachsen werden.

Das Basler Vogelhaus ist nicht nur ein Freizeitangebot für Zoobesucherinnen und Hobbyornithologen, sondern auch eine wichtige Zuchtstation. Neben den Vogelarten sind auch die in der Halle gepflanzten Gewächse Teil eines Programms zum Erhalt der Artenvielfalt. Unter dem gläsernen Dach wachsen rund 140 Arten, die einen Regenwald aus

Abb. 5: Künstliche Lianen aus Geotextil.

Abb. 6 und 7: Im neuen Anbau wächst ein Stück Schluchtwald aus Costa Rica.

Abb. 8: Infotafeln erläutern die Vogelarten.

Südostasien nachbilden. Rodungen, Braunkohleabbau und sich immer weiter ausbreitende Palmölplantagen setzen dort die Ökosysteme unter Druck. Stark bedroht sind unter anderen die Regenwälder Borneos, die als die ältesten der Welt gelten. Während Jahrhunderten haben sie sich zu einem ausgewogenen Gleichgewicht entwickelt. Diese stabilen Ökosysteme dienten den Landschaftsarchitekten als Referenz für die Bepflanzung der Halle. Mit Erlaubnis der malaysischen Behörden liess Maurus Schifferli in den geschützten Primärregenwäldern Samen, Stecklinge und Schnitthölzer sammeln und vor Ort anziehen. In einer ersten Etappe reiste das Pflanzenmaterial in eine grosse Baumschule nach Singapur und gelangte von dort nach einer kurzen Akklimatisationszeit per Schiff in die Niederlande. Die wurzelnackten Pflanzen kamen bereits hier in das auch in der Basler Halle verwendete mineralische Substrat und wurden fachgerecht grossgezogen. Der achtmonatige Aufenthalt in der niederländischen Baumschule diente gleichzeitig als Quarantäne. Erst anschliessend gelangten Gehölze und Kletterpflanzen, Stauden, Wasserpflanzen, Farne und Orchideen nach Basel. Nachhaltigkeit war während dem ganzen Prozess ein Thema. So wurden die überschüssigen Pflanzen in Borneo für Aufforstungsprojekte verwendet.

Eine zweite in sich geschlossene Pflanzengesellschaft ist die eines Schluchtwaldes in Costa Rica. Das Waldstück wächst im neuen Anbau, der von der Haupthalle aus direkt zugänglich ist. Im zurückhaltend gestalteten Raum ist die Luftfeuchtigkeit zwar tiefer, die Geräusche der ihn bewohnenden Vögel jedoch nicht minder laut. Im Schutz von Bäumen und Sträuchern findet hier eine Vielzahl von

Abb. 9: Aussenanlagen und -gehege betten das Vogelhaus ein.

Vogelarten aus dem lateinamerikanischen Tropenwald Lebensraum.

Nach den intensiven Geräuschen und Farben, den Gerüchen und der feuchten Wärme ist der Schritt in die graue Realität ausserhalb des Vogelhauses ernüchternd. Glücklicherweise gibt es aber auch hier einiges zu entdecken: die neu gestalteten und ansprechend bepflanzten Aussengehege entlang der Südseite des Gebäudes und die begehbare Voliere mit interessanten Kunstfelsen. Oder die vom Vogelhaus etwas abgerückte Pelikananlage, die im Zuge der Bauarbeiten ebenfalls erweitert wurde. Im Gegensatz zu ihren eleganten Artgenossen aus dem Regenwald, muten die hier untergebrachten Wasservögel zwar etwas plump an, beeindrucken durch ihre Grösse und ihr zartrosa schimmerndes Federkleid jedoch alleweil.

Im neuen Gehege stehen den Pelikanen neue Sonnen- und Brutplätze sowie Rückzugsorte zur Verfügung. Voraussetzungen, von denen sich die Zooverwaltung mehr Nachwuchs verspricht.

Claudia Moll

Fotos © Zoo Basel
Pläne © Maurus Schifferli Landschaftsarchitekt

Bücher

MATTHIEU DEJEAN UND PERRINE GALAND WILLEMEN

Chanteloup, the Renaissance Garden of the Villeroys. An Initiation to Humanism.

Droz, Genève 2022. Broschiert, 352 Seiten, englisch, mit einer Einleitung von Emmanuel Lurin und Übersetzungen der Quellen aus verschiedenen Sprachen, zahlreiche farbige und schwarz-weisse Abbildungen, CHF 65.05

Gärten sind prozesshafte Werke, die verschiedene Zeitschichten in sich tragen, die manchmal gut sichtbar, manchmal nur noch für das geübte Auge ablesbar und manchmal gar nicht mehr nachweisbar sind. Die Frage nach den Quellen, ihrer Bedeutung und ihrer Lesarten stellt sich daher immer wieder neu in der Gartengeschichte.

Chanteloup (Saint-Germain-lès-Arpajon) im Loire-Tal ist bekannt für seine zum grossen Teil landschaftlich überformte Gartenanlage mit einer markanten Pagode. Hinter dieser heutigen Gestalt verbirgt sich jedoch ein französischer Renaissance-Garten des 16. Jahrhunderts, der sich durch eine reiche Ausstattung mit *ars topiaria*, Wasserkünsten, Automaten und Pflanzen auszeichnete und der sich heute nur noch über Textquellen nachweisen lässt. Diese Rekonstruktion über Textquellen verdanken wir dem Autor und Forscher Matthieu Dejean. Er stiess bei seinen Recherchen in französischen Reisetagebüchern auf Beschreibungen des einstigen Renaissance-Gartens von Chanteloup und begann, diesen aufgrund der Texte und mit erhaltenen Vergleichsbeispielen zu rekonstruieren. Dabei herausgekommen ist ein faszinierendes Gartenporträt, dass sowohl auf sorgfältigen und detaillierten historischen Kontextrecherchen als auch auf gartenspezifischen Textinterpretationen aufbaut.

Der Garten von Chanteloup wurde um 1560 von dem Adligen Jean de Neufville (1526–1597) als kunstvoller Themenpark angelegt. Chanteloup war ein Vergnügungspark der ersten Stunde, in dem mythologische Szenen nachgestellt und mit in Form geschnittenen Pflanzen antike Monumente rekonstruiert wurden. Der Vergnügungspark war auch für Besucher offen. Sie konnten den Garten auf einem von der Familie Neufville de Villeroy entworfenen Rundgang erleben, der mit poetischen, ästhetischen, intellektuellen und sportlichen Attraktionen gespickt war.

Jean de Neufville entwickelte seinen Garten über drei Jahrzehnte hinweg und brachte darin zum einen seine eigenen Interessen an der antiken Literatur, der Geschichte und Philosophie und seine Kenntnisse darüber zum Ausdruck. Zum andern sollte der Garten auch ein Bildungsmoment für Besuchende darstellen, indem er ihnen die antike römische Kunst und Kultur und eine stoisch-christliche Haltung vermitteln sollte. Damit bot sich der Garten auch als Initiationsweg des aufkommenden Humanismus an.

Zentrale Bestandteile dieses humanistischen Vergnügungsparks waren Werke der *ars topiaria*, der Formschnittkunst, die ein beachtliches künstlerisches und gärtnerisches Geschick erforderten. Weitere Höhepunkte bildeten Wasserspiele, Brunnen und Grotten. Der grosse Brunnen mit vierundzwanzig Wasserspeiern und einem Globus stellte die damals bekannten Kontinente und Planeten dar. Und in den Grotten befanden sich kleine, vom Wasser der Brunnen angetriebene Automaten.

Wichtigste Quelle für diese beschreibende Rekonstruktion des Gartens ist das *Cantilupum*, ein 1587 veröffentlichtes Gedicht in lateinischer Sprache, das vermutlich von Madeleine de l'Aubespine-Villeroy, der Frau von Jeans Neffen, verfasst wurde. Das Gedicht umfasst 808 Zeilen und beschreibt einen Gang durch die Gestaltung, die Struktur, den Raum und die Symbolik der verschiedenen Teile des Gartens. Unter den weiteren Reisebeschreibungen findet sich auch ein Text des Basler Arztes Thomas Plattner, der den Garten im Jahr 1599 besuchte. Er verweist auf die Darstellung von Verwandlungsgeschichten des antiken Schriftstellers Ovid, die mit lebenden Gewächsen nachgestellt und nachgebildet wurden.

Berichte von zeitgenössischen Reisenden und das Gedichts *Cantilupum* gaben jedoch nicht nur Auskunft über die Bedeutungen der Gartenelemente, sondern auch über den technischen Stand der Gartenkunst, und sie enthielten ausserdem Hinweise auf Pflanzen. Und offenbar haben die Gärtner von Chanteloup über die Gestaltung und Instandhaltung hinaus auch den touristischen Betrieb in Gang gehalten und Gäste durch die Anlagen geführt. Der Deutsche Paul Hentzner schrieb 1598, dass sieben Gärtner in diesem Garten leben, die alles in Ordnung halten; mit grosser Mühe führen sie die Besucher herum, die besonders im Frühling und im Herbst in grosser Zahl dorthin eilen.

Wie kam es zu diesem Garten? Und warum hielt er der Zeit nicht stand? Das Anwesen Chanteloup kam 1518 erstmals in den Besitz der Familie Villeroy. Die Familie Villeroy von Jean de Neufville nimmt in der französischen Geschichte einen nicht unbedeutenden Platz ein: Jeans Vater, Nicolas II., damals Schatzmeister von Frankreich, tauschte sein Haus und seinen Garten in den Tuilerien in Paris mit König François I. gegen das Landgut Chanteloup ein. Nicolas' Sohn Jean wurde 1549 im Alter von 22 Jahren Sekretär des Königs (später Schatzmeister von Frankreich) und erbte Chanteloup 1553 nach dem Tod seines Vaters. Als gebildeter Adeliger plante er einen Park für die kultivierte Unterhaltung mit den neuesten Attraktionen der Zeit, der rasch Reisende aus anderen Ländern anzog und der sich in ihren Berichten spiegelte. Doch diesen Garten zu erhalten erforderte entsprechende Kenntnisse. Für die Nachkommen von Jean erwiesen sich die Gärten von Chanteloup als zu komplex, und man liess sie ab 1631 verfallen. Im Laufe der Zeit wurden sie in barocker Manier umgestaltet und schliesslich in einen Landschaftspark überführt.

Das Buch ist in zwei Teile gegliedert: Der erste Teil befasst sich mit der Geschichte des Gartens, seinen Auftraggebern und Besitzern sowie mit der Gartenkunst der Renaissance in Frankreich und Italien. Die Geschichte von Chanteloup und die sehr detailliert rekonstruierte Beschreibung des Gartens sind fast gänzlich auf Textquellen abgestützt, die im zweiten Teil abgedruckt, übersetzt und kommentiert sind. Die zwanzig zeitgenössischen Beschreibungen von Chanteloup stammen von reisenden Autoren aus Europa, die den Garten im 16. und 17. Jahrhundert besucht haben. Da Bildquellen zum Garten fehlen, unterstützen Abbildungen, die ähnliche Gartenmomente der Renaissance zeigen, die Vorstellungskraft. Aus der Perspektive der Gartenforschung liefert es neue Ansätze zur Erschliessung von Textquellen und Quellenmaterial insgesamt. Die umfangreichen Recherchen der Autoren sind mit ausführlichen Fussnoten und einer Bibliografie sowie mehreren hilfreichen Indizes gut dokumentiert.

Annemarie Bucher

Garden Futures. Designing with Nature.

Katalog Vitra Design Museum, 2023. Publikation zur Ausstellung Garden Futures. Designing with Nature, mit Essays, Interviews und Fallstudien: Hardcover mit Leineneinband, 24 × 28,5 cm, 228 Seiten, ca. 180 Abbildungen, deutsche und englische Ausgabe, CHF 62.40

Was bleibt von einer Ausstellung? Im besten Fall ist dies ein Katalog, der das Thema vertieft und weiterträgt und der zusätzlich die Ausstellungen für diejenigen verfügbar macht, die sie nicht besuchen konnten. Das Thema ist äusserst relevant, denn die Frage «Was ist der Garten des 21. Jahrhunderts?» treibt gegenwärtig auch die LandschaftsarchitektInnen mächtig um. Was heisst Naturgestaltung heute? Welchen Beitrag leistet die Geschichte? Welche Visionen eröffnen eine Zukunft?

Gärten sind gebauter Ausdruck unserer Beziehung zur Natur. Sie spiegeln neben dem unmittelbaren Naturgebrauch auch Identitäten, Träume und Visionen und wurzeln damit tief in den jeweiligen kulturellen und gesellschaftlichen Grundfesten. Dies ist eine Grunderkenntnis aus der Gartengeschichte und sie zeigt sich symptomatisch im gegenwärtigen Wandel und dem damit verbundenen Bestreben, einen zukunftsfähigen Lebensraum zu gestalten.

In Zeiten der Klimakrise ist der Garten weit mehr als eine romantische Idylle, die primär eine ästhetische Beziehung zur Natur repräsentiert. Gärten dienen als Experimentierfelder für soziale Gerechtigkeit, Biodiversität, nachhaltige Wirtschaft. Erlösung wird nicht erst seit dem biblischen Paradies in den Gärten gesucht. In der heutigen Zeit werden sie einmal mehr als Orte der Hoffnung für eine bessere Zukunft verstanden. Diese Ansprüche lasten schwer auf den Schultern von LandschaftsarchitektInnen und GärtnerInnen.

Mit Ausstellung und Katalog trägt das Vitra Design Museum ganz gezielt zu dieser Diskussion bei. Vom Gartenwerkzeug über den Liegestuhl bis zur vertikalen Stadtfarm, von zeitgenössischen Community-Gärten über begrünte Gebäude bis hin zu Gärten von modernen und zeitgenössischen GestalterInnen und KünstlerInnen wie Roberto Burle Marx, Mien Ruys, Shigemori Mirei, Gilles Clément oder Derek Jarman regen viele Themen zum Nachdenken an. Und schliesslich verkörpert auf dem Vitra-Gelände seit 2020 der Garten von Piet Oudolf die aktuelle Gegenwart der Landschaftsarchitektur. Diese kunstvoll komponierte Wildnis kommt vom Frühjahr bis zum Spätsommer zur vollen Blüte und ist auch im Herbst und Winter ein attraktiver Aussenraum. Der holländische Landschaftsarchitekt Piet Oudolf begann in den späten achtziger Jahren die gängige gestalterische Praxis infrage zu stellen und die Aufmerksamkeit auf die Gestaltungskraft der Natur zu lenken, mit mehrjährigen sich selbst erneuernden Stauden, Gräsern und Büschen.

Ausstellung und Buch bieten unterschiedliche Perspektiven auf die Entwicklung des Gartens. In der Ausstellung spielten Objekte, Bilder und Zitate die zentrale Rolle. Sie machten zum einen den Wandel und die gärtnerische Arbeit sichtbar und vermittelten zum anderen über Fotos und Videos Einblicke in wegweisende Projekte, die einen Umbruch im Garten- und Naturverständnis anzeigen. Die Ausstellung beinhaltete verschiedene Abschnitte, ein erster widmete sich den historischen Entwicklungen, die die westliche Gartengestaltung geprägt haben. Ein zweiter liess einflussreiche GartengestalterInnen und KünstlerInnen zu Wort kommen. Und zum Schluss zeigten aktuelle Projekte, wie sie sich im Zeitalter von Klimakrise, sozialer Ungerechtigkeit, bedrohter Artenvielfalt und sozialer Isolation mit der Zukunft des Gartens auseinandersetzen.

Das Buch ist ein schön gestaltetes, reich bebildertes Lesebuch und schneidet sehr viele Themen an. Nach Vorwort und Einleitung umfasst es neun Essays und Bildessays, acht Case Studies, zwei Interviews, zwei Porträts und eine Ideensammlung. Zu Wort kommen KuratorInnen, KunsthistorikerInnen, KünstlerInnen, AktivistInnen und auch LandschaftsarchitektInnen. Zu Beginn wird einmal mehr die Metapher des Paradieses bemüht. Unter diesem Schlagwort werden Ursprünge, historische Highlights und visuell attraktives Quellenmaterial zusammengeführt. Im Kapitel «Politik des Gartens» werden verschiedene Sichten auf die Gartengeschichte dargelegt. Sie reichen vom globalen Pflanzenhandel über die Gartenstadt, den Schrebergarten bis zum einwandfrei unkrautlosen Rasen und zu modernen Gartenmöbeln. Besonders wertvoll ist der übersetzte Text von Liz Christy und Donald Loggins aus dem Jahr 1986, der eine wichtige Quelle für die Guerilla-Gärtnerei darstellt. Die Case Studies bieten Einblick in die Werke der LandschaftsarchitektInnen Mien Ruys, Roberto Burle Marx, Piet Oudolf und der KünstlerInnen und SchriftstellerInnen Derek Jarman, Jamaica Kinkade, Zheng Guogu und einer partizipativen Initiative in Kuala Lumpur, die in der Megacity Brachland in einen florierenden Garten umwandelt. Das letztgenannte Beispiel steht für die weit verzweigte Bewegung des kommunalen Gärtnerns in asiatischen Grossstädten. Zum Schluss wird die gegenwärtige Problemlage zur Diskussion gestellt. Gilles Cléments «planetarischer Garten» und Bas Smets' «biosphärischer Urbanismus» zeigen auf, dass die gegenwärtigen Haltungen und Handlungsoptionen der Landschaftsarchitektur in Veränderung begriffen sind. Céline Baumann ergänzt diese Ausführungen mit der Forderung nach einer Koexistenz der Lebensräume mit nicht menschlichen Lebewesen. Das Hinterfragen der botanischen Klassifizierungssysteme, die Regeneration des Waldes und der Einbezug indigenen Wissens zeigen die kulturelle Verankerung und die globale und systemische Vernetztheit des Gartens, des gärtnerischen Handelns und der Gestaltung unseres Verhältnisses zur Natur in Zukunft.

Während einige Themen bereits im Alltagsdiskurs angekommen sind, wünscht man sich für andere eine weitere Vertiefung. Insgesamt enthält das Buch ein reiches Angebot an Schlagworten und Bildern, die nicht nur die Ausstellung verlängern, sondern auch den gegenwärtigen Stand der Diskussion um Garten und Landschaft spiegeln.

Annemarie Bucher

SCHWEIZER HEIMATSCHUTZ / PATRIMOINE SUISSE (HRSG.)

Schulthess Gartenpreis 2023 – AG ICOMOS Gartendenkmalpflege

2023, zweisprachig D und F, 64 Seiten, broschiert, CHF 10.00
Heimatschutz-Mitglieder: CHF 5.00
bestellbar über
www.heimatschutz.ch/shop

Seit 1998 verleiht der Schweizer Heimatschutz den Schulthess Gartenpreis für herausragende Leistungen auf dem Gebiet der Gartenkultur. Aus Anlass seines 25-Jahr-Jubiläums wurde 2023 die *Arbeitsgruppe Gartendenkmalpflege von ICOMOS Suisse* ausgezeichnet. Die 1992 gegründete Arbeitsgruppe hat mit Unterstützung von über 200 Freiwilligen in 20-jähriger Arbeit eine schweizweite Liste von rund 30'000 potenziell erhaltenswerten historischen Garten- und Parkanlagen erstellt. Damit hat sie eine wichtige Grundlage geschaffen, um diesem wertvollen, aber auch verletzlichen Kulturgut Schutz angedeihen zu lassen. Ganz nach dem Credo: nur was man kennt, kann man schützen und erhalten.

In der informativen und reich bebilderten Begleitpublikation werden nach dem einführenden Editorial von Claudia Moll, Präsidentin der preisverleihenden Fachkommission, und einem Grusswort von Brigitte Frei-Heitz, langjährige Präsidentin der Icomos-Arbeitsgruppe, in vier Beiträgen verschiedene Facetten der Gartendenkmalpflege und das Tätigkeitsfeld der Arbeitsgruppe beleuchtet.

In Karin Salms Beitrag ziehen vier Protagonist:innen der ersten Stunde Bilanz (Guido Hager, Brigitt Sigel, Peter Paul Stöckli und Judith Rohrer). Der Freude über die Anerkennung für die enorme Arbeit folgt der Realitätscheck: Auf die Icomos-Liste aufbauende Instrumente wie rechtsverbindliche Inventare werden wegen politischer Widerstände nur zögerlich umgesetzt. Auch heute noch braucht Gartendenkmalpflege Hartnäckigkeit und einen langen Atem.

Johannes Stoffler knüpft an diese Standortbestimmung an und nennt Voraussetzungen, damit Gartendenkmäler überdauern können. Aus Pflanzen gebaut sind sie vergänglich. Sie benötigen besonderes Fachwissen in ihrer Sicherung und Pflege, aber auch Inventare, Institutionen, Netzwerke, Austausch und Vermittlung. Mit ihren Publikationen sowie einem Bildungs- und Beratungsangebot führt die Icomos-Arbeitsgruppe Gartendenkmalpflege auch nach Abschluss der Listenerfassung ihr Engagement fort.

Franziska Engelhardt und Seraina Kobler zeigen in drei Porträts gelebter Gartenträume, dass vor allem die Beziehung der Besitzerschaft zu ihren historischen Gärten diese zum lebendigen Kulturgut werden lässt. Claudia Moll widmet sich der Notwendigkeit zum Dialog zwischen Gartendenkmalpflege und Naturschutz im historischen Garten.

Zwischen zwei Buchdeckeln findet sich so eine handliche und zugleich vielfältige Momentaufnahme zum Thema der Gartendenkmalpflege in der Schweiz. Und es entsteht rückblickend so etwas wie eine erste Betrachtung eines Generationenwerks, das freilich noch längst nicht abgeschlossen ist.

Petra Schröder

die Gartenliebhaber.ch

LEUTHOLD
Gärtner von Eden®

Oberrieden/Zürich
Telefon 043 444 22 88
www.gartenliebhaber.ch

hören aufmerksam zu
  beobachten genau
projektieren angemessen
  bauen respektvoll
pflegen lebenslang

SALATHÉ RENTZEL *130 Jahre*
Gartenkultur

«Der Garten soll der Seele gut tun»

seit 1894 Gestalten | Bauen | Pflegen

Bahnhofstrasse 4, 4104 Oberwil
T 061 406 94 11, info@salathe-rentzel.ch
www.salathe-rentzel.ch

Autorinnen und Autoren

AO. UNIV. PROF. I. R.
DR. EVA BERGER

Technische Universität Wien
FOB Landschaftsarchitektur
Karlsplatz 13
A-1040 Wien
eva.berger@tuwien.ac.at

ANNEMARIE BUCHER
DR. SC. ETH

Redaktion Topiaria Helvetica
Stationsstrasse 54
CH-8003 Zürich
bucher@sggk.ch

FUJAN FAHMI
MSC ETH ARCH SIA

Landenbergastrasse 19
CH-8037 Zürich
fahmi@mofa-la.ch
www.MOFA-la.ch

BRIGITTE FREI-HEITZ
LIC. PHIL., KUNSTHISTORIKERIN

Kantonale Denkmalpflege
Kreuzbodenweg 2
CH-4410 Liestal
brigitte.frei-heitz@bl.ch

CLAUDIA MOLL
DR. SC. ETH

Redaktion Topiaria Helvetica
Winterthurerstrasse 33
CH-8006 Zürich
moll@sggk.ch

BRIGITT SIGEL
DR. PHIL., KUNSTHISTORIKERIN

Bolleystrasse 44
CH-8006 Zürich

JOHANNES STOFFLER
DR. SC. ETH

Redaktion Topiaria Helvetica
Friesenbergstrasse 380
CH-8055 Zürich
stoffler@sggk.ch

DR.-ING. CLAUDIUS WECKE
LEITER BEREICH GÄRTEN

Staatliche Schlösser, Burgen und Gärten
Sachsen gemeinnützige GmbH
Hauptallee 5 – Kavaliershaus G
D-01219 Dresden
claudius.wecke@schloesserland-sachsen.de